AF202326

Sascha Fiek

Abseits von Himmel und Sünde

Zu diesem Buch

Der Geist der Aufklärung ist in den letzten Jahren stark unter Druck geraten. In Europa und Amerika sind in der Politik rechtsgerichtete und populistische Kräfte auf dem Vormarsch. Die Idee einer offenen Gesellschaft scheint zu verblassen, während die Renationalisierung voranschreitet und unverhohlen auf Isolation und Abschottung setzt - eine Kampfansage an eine globale Weltordnung. Gleichzeitig wachsen internationale Spannungen und selbst ein Krieg mit atomaren Waffen erscheint wieder denkbar. Befeuert wird diese Entwicklung auch von islamistischem Terror, der nicht nur in den Metropolen Angst und Schrecken verbreitet.

Religion, Nationalismus und Ideologie als kollektivistische Systeme können der Freiheit des Menschen, seiner Individualität und seinem selbstbestimmten, rationalen Handeln gefährlich werden. Über die Herkunft dieser Systeme, über die Überwindung von Hass und Gewalt und über einen Weg zur friedlichen Koexistenz der Menschheit diskutieren nach einem neuerlichen Terroranschlag die beiden fiktiven Studenten Sophia und Taleb, die sich dem evolutionären Humanismus verbunden fühlen.

Sascha Fiek, Jahrgang 1974, hat an der Universität in Freiburg sein Examen in Germanistik und Chemie abgelegt. Er arbeitet als Geschäftsführer eines kleinen Familienunternehmens. Zwanzig Jahre lang war er in der Politik aktiv, unter anderem als Stadtrat in Freiburg, und hat dabei immer wieder den Fokus auf die Menschen- und Bürgerrechte gelegt. In seiner Freizeit widmet er sich gerne den aktuellen gesellschaftspolitischen und weltanschaulichen Fragen, was zusammen mit den gegenwärtigen terroristischen Ereignissen Ausgangspunkt dieses Buchs war.

www.saschafiek.de

SASCHA FIEK

ABSEITS VON HIMMEL UND SÜNDE

Impressum:

Bibliografische Information der Deutschen Nationalbibliothek: Die Deutsche Nationalbibliothek verzeichnet diese Publikation in der Deutschen Nationalbibliografie; detaillierte bibliografische Daten sind im Internet über http://dnb.dnb.de abrufbar.

© 2017 Sascha Fiek
Lektorat: Anja E. L. Mathes, www.textstilhaus.de
Korrektorat: Wolfgang Fiek
Buchsatz: Jörg Breidenbach, www.breidenbach-partner.de
Buchcovergestaltung: Emir Oručević, www.studiopulp.net
Foto Buchcover: Shutterstock, Antonio Guillem

Verlag: tredition GmbH, Hamburg

ISBN Paperback: 978-3-7439-5795-4
ISBN Hardcover: 978-3-7439-5796-1
ISBN e-Book: 978-3-7439-5797-8

Druck in Deutschland und weiteren Ländern
Verlag und Druck: tredition GmbH, Halenreie 42, 22359 Hamburg

„Meiner Frau Judith,
von der ich immer unglaublich viel
Motivation und Unterstützung erfahre."

Inhaltsverzeichnis

Der Aberglaub', in dem wir aufgewachsen, verliert,
auch wenn wir ihn erkennen, darum doch
seine Macht nicht über uns – Es sind nicht alle
frei, die ihrer Ketten spotten.

Tempelherr in „Nathan der Weise"

DER GROSSE KNALL

Wir befinden uns auf dem Universitätscampus einer Großstadt, auf einer weitläufigen Wiese mit einem in den Boden eingelassenen Brunnen. Unter einer mächtigen Linde, die Schutz vor der Sonne spendet und zum Verweilen einlädt, dienen einige Steinquader als Sitzgelegenheit. Im Hintergrund sind die Gebäude einer Universität zu sehen, manche hochmodern, manche klassisch aus dem 19. Jahrhundert. Neben umherlaufenden Studenten fällt vor allem eine größere Anzahl von Polizisten auf, die halbautomatische Waffen sichtbar am Körper tragen.
Der hagere und groß gewachsene Medizinstudent Taleb, dessen Eltern aus Afghanistan stammen, nähert sich einem der Quader. Auf einem anderen sitzt bereits Sophia, eine langjährige Freundin, die aus Berlin stammt und mit der er sich gewöhnlich mehrmals in der Woche an dieser Stelle trifft, um über alles zu reden, was die beiden bewegt.

Taleb: Ach, Sophia. Jetzt ist es schon wieder passiert. Immer der gleiche elende Ablauf, egal wo auf der Welt. Erst ein gewaltiger Knall, dann Schreie, blutverschmierte Menschen, die durch die Straßen rennen, Sirenen, und überall herrscht Panik. Wann nur hört das endlich auf? Ich kann und will es nicht mehr sehen, vor allem nicht in unserer Stadt, die es jetzt schon zum zweiten Mal trifft.

Sophia: Ja, an solche Ereignisse können wir uns einfach nicht gewöhnen. Jede Bombe hinterlässt in uns allen, auch wenn wir nicht direkt dabei waren, eine Wunde, die zu einer Narbe in uns wird und uns unser Leben lang daran erinnert, was passiert ist. Es gibt nichts, mit dem wir uns dagegen immunisieren könnten.

Taleb: Ich musste gestern Abend irgendwann einfach abschalten. Mein Tablet hätte ich am liebsten im Fluss versenkt. Diese nicht enden wollenden grässlichen Bilder, all die Beileidsbekundungen und Durchhalteparolen erzeugten in mir Wut, Trauer und Kälte zugleich. Und dann diese Gier, sich mit den neuesten Nachrichten zu übertreffen, Schuld und Verantwortung zuzuschreiben und vorgefertigte Erklärungen zu liefern, noch bevor alle Wunden versorgt sind; das alles ist einfach nur zermürbend.

Sophia: Ich weiß, und deshalb sind die Täter aus ihrer Perspektive auch so erfolgreich. Die Opfer sind nichtsahnend und wehrlos. Vor allem sind sie willkürlich, nur durch Zufall ausgewählte Ziele; es gibt kein Schema und kein Muster. Sie können auf dem Weg zur Arbeit sein und gerade an ihre Familie denken oder sich mit Freunden treffen, was auch immer. Jeder, der durch die Straßen schlendert, könnte zugleich Täter oder Opfer sein.

Taleb: Bezüglich der Opfer stimme ich dir zu, ja. Doch was die Frage nach den Tätern anbelangt, gibt es meines Erachtens schon eine klare Vorstellung davon, um wen es sich im Zweifel handelt. Auf dem Weg hierher, als ich noch in der U-Bahn saß, blieben mir all die Blicke nicht verborgen. Niemand dort kannte mich. Niemand wusste, wer ich bin, wie ich denke oder was ich fühle. Doch eines war für alle offensichtlich: Wegen meiner Abstammung – für die ich nichts kann – sehe ich denen ganz ähnlich, die ihnen im Fernsehen gezeigt werden, wenn über Täter oder Verdächtige berichtet wird. Okay, ich habe keinen Bart und bin in Klamotten unterwegs, wie die meisten sie heute tragen, aber was ich nicht ändern kann, sind mein Teint und meine Gesichtszüge. Und schon hört man förmlich in den Köpfen um einen herum die Frage: Ist das womöglich auch einer von denen …?

Sophia: Ich kann nur ahnen, wie sehr dich das treffen muss und wie schlimm das für dich ist. Ich würde dir gerne sagen, dass du dich irrst und du dir das alles nur einbildest, aber mir fallen diese Blicke auch immer wieder auf, selbst wenn wir nur hier sitzen und Leute an uns vorbeigehen. Es sind kurze, hastige Blicke, kein Anstarren, fast nur ein Blinzeln; und ich bin mir sicher, dass viele sich auch über sich selbst ärgern, wenn sie sich bei solchen Vorurteilen ertappen. Natürlich hilft dir das aber nichts.

Taleb: Ich verüble es ihnen nicht einmal. Wir Menschen brauchen unsere Schubladen. Wir brauchen einfache Erklärungsmodelle, anhand derer wir die Dinge in der Welt ordnen. Würden wir jedes Mal aufs Neue damit beginnen, wären wir im kurzen Zeitstrom des Lebens, der uns immer schneller davonreißt, verloren. Wir wollen möglichst sicher durch die Stromschnellen gelangen und bauen uns quasi Boote, die das ermöglichen. Und je länger wir an diesem Boot herumwerkeln, je höher die Wände werden, desto weniger sind wir in der Lage, die Feinheiten um uns herum wahrzunehmen.

Sophia: Das Boot darf uns aber niemals blind werden lassen. Wer will sich schon auf eine Reise begeben, ohne etwas sehen zu können? Egal, welches Unglück uns widerfährt, wir müssen die Augen offen- und unseren Geist wachhalten, denn sonst gewinnen jene, die die Dunkelheit dem Licht vorziehen. Und das hielte ich für eine Verschwendung dieser kurzen Reise, die uns vergönnt ist.

DER UNSICHTBARE FREUND

Taleb: Wenn wir schon mit ansehen müssen, wie einige wenige im Namen einer Religion ungeahnten Terror über uns bringen, dann lass uns einmal über dieses Thema sprechen. Über dich wird manchmal gesagt, du würdest Religionen regelrecht hassen. Entspricht dieses Urteil denn deiner Meinung nach der Wahrheit?

Sophia: Du kennst mich. Wie könnte ich etwas hassen, das der menschlichen Natur entspringt? Mir ist nur daran gelegen, den menschlichen Geist und das Wesen der Menschen zu ergründen, um wenigstens einen Ansatz zu finden, wie wir Intoleranz und Gewalt vielleicht eines Tages überwinden können.

Taleb: Warum aber sprechen einige schlecht über dich, wenn es um Gott und Religion geht?

Sophia: Schau, ich bin bemüht, nach vorne zu blicken und darüber nachzudenken, wie der Mensch eines Tages beschaffen sein müsste, um das Leid, das er heute noch erduldet, nicht weiter zu verursachen. Dazu gehört, alles zu hinterfragen, was unsere Gesellschaft ausmacht, und bereit zu sein, all das zurückzulassen, was dem im Weg steht. Und da liegt es nahe, auch die Religionen der Kritik zu unterwerfen – was oft dem, der das unternimmt, Feindschaften einbringt.

Taleb: Aber sind denn nicht gerade Glauben und Religion dazu da, Leid zu mindern und den Menschen den richtigen Weg zu weisen? Würde nicht die meisten ein religiös geprägtes Leben mit Liebe, Barmherzigkeit oder Ausgeglichenheit verbinden, ja sogar von Erfüllung sprechen?

Sophia: So hört man es andauernd und wir wurden sogar so oft mit diesem Gedanken überschüttet, dass es nur wenigen in den Sinn kommt, hier mit dem Zweifel anzusetzen. Ich will mich aber nicht mit dem abfinden, was die Vielen sagen, sondern mich damit beschäftigen, was mein Innerstes hervorbringt, um losgelöst von der Masse neue Wege zu finden und zu beschreiten.

Taleb: Wie verhält es sich denn nun bei dir? Verachtest du die Religion, lehnst du sie ab?

Sophia: Nochmal, wie könnte ich? Die Entwicklung der Religion vor Tausenden von Jahren war doch zunächst ein völlig plausibler, nachvollziehbarer und vor allem menschlicher Prozess. Mit der rasanten Entfaltung seines Geistes fing der Mensch an, sich Fragen zu stellen, auf die er keine Antwort finden konnte. Damit war der Weg zur Religion geebnet und insofern auch nicht mit solch negativen Gefühlen zu belegen, wie du sie erwähnst. Die Erfindung der Religion war weder schlecht noch gut, sondern in erster Linie nützlich.

Taleb: Du sprichst von Erfindung. Ist Gott denn auch eine Erfindung für dich?

Sophia: Hm, sag mal, hattest du in deiner Kindheit einen Freund, den andere nicht sehen konnten?

Taleb: Ich gebe es zwar ungern zu und schäme mich fast, aber ja, ich hatte so einen Freund.

Sophia: Dafür musst du dich nicht schämen. Es kommt bei Kindern oft vor, dass sie einen unsichtbaren Freund haben, mit dem sie spielen und reden können und der immer da ist, wenn sie ihn brauchen.

Taleb: Ich konnte aber auch hin und wieder hören, wie meine Eltern über mich gesprochen und sich Sorgen gemacht haben, ob ich denn überhaupt normal sei. Und meine Mutter wünschte sich ein ums andere Mal, dass dieser Freund doch bald verschwinden möge …

Sophia: Es tut mir leid, das zu hören, da diese Phase in der Entwicklung des Gehirns natürlich ist und wahrlich keinen Anlass zur Sorge bietet. Aber erzähl mal, dieser imaginäre Freund, der war doch völlig real für dich, nicht wahr?

Taleb: Ja, das war er und ich ahne, worauf du hinauswillst …

Sophia: Und dann war er eines Tages weg, richtig?

Taleb: Ja.

Sophia: Ihr habt euch aber nicht verabschiedet, ihr hattet keinen Streit, und du wirst dich auch nicht erinnern, wann genau er gegangen ist, oder?

Taleb: Genau so ist es.

Sophia: Das wundert mich nicht. Es gibt eine Zeit, in der uns solch ein unsichtbarer Freund nützlich ist. Er ist da, wenn wir Angst davor haben, alleine zu sein. Manchmal scheint er uns zu beschützen, und manchmal freuen wir uns, einen Gesprächspartner zu haben, der denkt wie wir und uns nicht behandelt, wie es die Erwachsenen tun. Und dann kommt eine Zeit, in der unser Geist sich in eine andere Richtung entwickelt, so dass wir das Konstrukt, das unser Freund war, hinter uns lassen können.

Taleb: Willst du damit sagen, dass Gott auch nur solch ein unsichtbarer Freund ist?

Sophia: Naja, ganz so einfach ist es nicht. Die Vorstellung von Gott geht weit über die Idee eines unsichtbaren Freundes hinaus. Aber ein Ursprung des Konzepts von einem Gott an sich liegt dennoch hier. Schon kurze Zeit, nachdem wir unsere unsichtbaren Spielkameraden hinter uns gelassen haben, erlangt unser Geist die Fähigkeit, sich plötzlich mit den Fragen der Existenz zu quälen, die ihn faszinieren, die er aber nicht beantworten kann. Es sind die üblichen Fragen nach dem Anfang und dem Ende, dem Leben und dem Tod oder dem Sinn von allem. Der Mensch wird plötzlich von einer Unzahl an Ursachen und Wirkungen umströmt, die er nicht zu durchschauen vermag und erst recht nicht beherrscht. Und genau an dieser Stelle macht sich der Geist auf den Weg, eine gedankliche Konstruktion zu erschaffen, die ihm dabei hilft, mit für ihn unbegreiflichen Phänomenen fertig zu werden - denken wir zum Beispiel an die Unendlichkeit des Universums. Er erschafft in sich die Idee einer Instanz, die in der Lage ist, die Dinge zu verstehen, sie zu ordnen und allem einen Sinn zu geben, also das zu tun, wozu man selbst nicht fähig ist – sozusagen einen unsichtbaren Freund für die Erwachsenenwelt.

Taleb: Aber dann gäbe es ja so viele Götter, wie es Menschen gibt.

Sophia: Auf den ersten Blick scheint es so. Aber im Vergleich zu unserem ersten unsichtbaren Freund haben sich die Dinge etwas verändert. Denn zu dem Zeitpunkt, zu dem der Mensch sich mit den Gedanken an eine übergeordnete Instanz beschäftigt, ist er schon in der Lage, die in ihm aufkommende Idee mit den Gedanken anderer Menschen differenziert abzugleichen. Der frühzeitliche, sich entwickelnde Mensch hat sicher verdammt viel Zeit damit verbracht, die Idee göttlicher Wesen zu beschreiben und mit anderen darüber zu sprechen, um gemeinsame Vorstellungen zu entwickeln. Da die allem zugrunde liegenden Fragen, über die ich gerade gesprochen habe, für alle dieselben waren und sich auch der Geist von Mensch zu Mensch ähnelt, ist es nicht weiter verwunderlich, dass sich viele verwandte Ideen gebildet haben. Der Mensch erfand auf diese Weise das Konzept von Göttern, die in der Anfangszeit noch stark personifiziert und häufig Phänomenen wie Himmel, Erde, Sonne oder Wasser zugeordnet waren. Manche wurden auch funktional interpretiert, zum Beispiel, wenn es um existenzielle Fragen rund um Nahrungsbeschaffung, Fortpflanzung oder die Naturgewalten ging. In dieser Zeit waren die Götter den unsichtbaren Freunden noch ganz ähnlich. Sie erschienen dem Menschen real, als mehr oder minder menschliche Wesen mit besonderen Fähigkeiten, mit denen man sich aber noch unterhalten konnte und die jederzeit für einen da waren – eben ganz so wie die unsichtbaren Freunde.

Taleb: Und was passierte dann?

Sophia: Nach und nach wurde die Tradierung immer wichtiger, was der Entwicklung eine neue Richtung gab. Die Menschen erfanden Geschichten zu ihren Ideen, die sie jeweils an die nächste Generation weitergaben. Und so passierte etwas, mit dem das Schicksal schließlich seinen Lauf nahm: Wann immer ein Kind anfing, sich existenzielle Fragen zu stellen, und versuchte, mit seinen Eltern und Verwandten darüber zu sprechen, wurde es mit der bereits fertigen Idee und den Geschichten der Vorfahren vertraut gemacht. Es musste von nun an keinen unsichtbaren Freund mehr selbst erfinden, sondern bekam ein fertiges Konzept vorgesetzt, das es bequemerweise übernehmen konnte. Da Kinder ihre Eltern naturgemäß noch wenig hinterfragen, stark von ihnen abhängen und ihnen vertrauen, konnten sich so ganz spezifische Konzepte von Göttern kontinuierlich manifestieren.

Taleb: Was du da schilderst, klingt plausibel und überrascht nicht mal sehr. Doch was soll an all dem schlecht sein?

Sophia: Du hast zunächst recht – an der Erfindung eines unsichtbaren Freundes, wie wir es bei den Kindern gesehen haben, ist erst mal nichts Schlechtes zu erkennen. Und gegen einen Gott als unsichtbaren Freund, der dem Menschen auch nach der Kindheit zur Seite steht, ist auch nichts einzuwenden. Doch durch die Tradierung vorgefertigter Konzepte und Ideen veränderte sich etwas ganz erheblich. Erinnere dich, was du eben über deine Mutter erzählt hast, die gehofft hatte, du mögest deinen unsichtbaren Freund aufgeben. Hat sie sich denn später auch gewünscht, du mögest Gott, oder Allah, wie sie ihn vermutlich nennt, aufgeben?

Taleb: Auf keinen Fall! Ich weiß noch genau, wie tief sie davon getroffen war, als ich zum ersten Mal Zweifel an der Existenz Allahs äußerte. Im ersten Moment war sie außer sich; ich glaube, sie war sogar nahe dran, mich aus Verzweiflung zu schlagen, um meine Skepsis zu vertreiben. Nach einer Weile weinte und schluchzte sie nur noch. Sie würdigte mich keines Blickes mehr und schlurfte, den Blick zu Boden gerichtet, durch die Wohnung. Als mein Vater nach Hause kam, wagte sie es jedoch nicht, ihm davon zu berichten, aus Angst, dass er mir wirklich etwas antun würde. In den Tagen und Wochen danach versuchte sie es einfach zu verdrängen. Mit mir zu reden, dazu fehlte ihr schlicht die Kraft.

Sophia: Hast du dich mal gefragt, warum sie so reagiert hat? Warum sie wollte, dass du den einen Freund verlierst, den anderen aber nicht?

Taleb: Sogar tausendmal habe ich mich damals gefragt, warum meine Mutter derart in Rage geraten war, nur, weil ich zaghaft meine Bedenken gegenüber einer Gottesfantasie geäußert habe. Es war eine schlimme Zeit für mich. Hast du eine Antwort?

Sophia: Glaube nicht, dass ich immer gleich eine Lösung parat habe. Wir können nicht in die Köpfe anderer Menschen hineinsehen. Wir können nur versuchen, in dem, was wir wissen, Muster zu erkennen – die wir aber mit der gebotenen Vorsicht betrachten müssen. Trotzdem scheint mir eine Erklärung in dem Fall auf der Hand zu liegen: Dein unsichtbarer Freund aus deiner Kindheit erschien deiner Mutter irreal und nicht normal, weshalb ihr diese Erscheinung vermutlich unbehaglich war und sie wollte, dass du von ihr verschont bleibst. Ist das so?

Taleb: Ja, genau.

Sophia: Und was ist bei dem Allah deiner Mutter jetzt anders?

Taleb: Jetzt verstehe ich, was du meinst. Für meine Mutter ist Allah real, er ist für sie eine tatsächlich existierende und mit Macht versehene Figur. In meinen Augen liebt und fürchtet sie ihn gleichermaßen und ich habe immer gedacht, dass sie nur deshalb nicht will, dass ich mich von dem Gedanken an ihn löse, um nicht selbst bestraft zu werden.

Sophia: Und damit bist du beim Kern des Problems angelangt. Die Menschen haben irgendwann damit angefangen, eine bestimmte Idee als real zu betrachten, andere hingegen als Hirngespinste abzutun. Es ist eine Art selbst auferlegte Schizophrenie, die du leicht mit einem Experiment überprüfen kannst: Gehe auf den Marktplatz und erzähle den Menschen dort, dir sei gestern ein Geist begegnet. Denke dabei vielleicht an deinen unsichtbaren Freund aus Kindertagen. Schildere ihn ganz genau; wie er mit dir redet, wie er neben dir läuft und was er für Handlungen vollführt. Im besten Fall wenden sich die Menschen kopfschüttelnd ab und gehen schnell weiter. Andernfalls wirst du womöglich einige Ordnungshüter kennenlernen, die dich zu einem Arzt führen, um deine geistige Gesundheit zu überprüfen. Solltest du Glück haben und nicht eingewiesen werden, dann gehe in die Kirche, die sich auch auf dem Marktplatz befindet, und berichte in gleichem Stil von deinen Erfahrungen. Sprich diesmal aber nicht von einem Geist, sondern nenne die Erscheinung „Gott". Jetzt plötzlich werden dir die Menschen mit Respekt begegnen und dir vielleicht sogar ihre eigenen Erfahrungen offenbaren.

Taleb: Mich schaudert es bei dem Gedanken daran, aber ich befürchte, genau so würde es sich abspielen.

Sophia: Es gibt keinen Grund, zu schaudern, sondern nur, noch tiefer zu bohren und die Gründe dafür zu erforschen. Doch bevor wir uns der Religion als solcher widmen, ist es zunächst wichtig, herauszufinden, wie „Gott" in die Welt kam – oder anders formuliert, wie aus einem unsichtbaren Freund, den unser Geist erschaffen hat, plötzlich Realität wurde.

Taleb: Oh, Mist. Ich muss los, meine Vorlesung wartet. Ich komm schon zu spät. Aber lass uns nachher weitersprechen. Ich nehme mir den Rest des Tages frei, meine Tutoriumsgruppe kommt heute auch ohne mich aus.

Sophia: Okay. Angesichts dessen, was gestern passiert ist, glaube ich ohnehin, dass der Betrieb weitgehend lahmgelegt ist. Ich bleibe hier und lese noch ein wenig. Bis später.

GOTT ZWISCHEN REALITÄT UND FIKTION

Während Sophia sich in ein Buch vertieft, läuft Taleb nachdenklich über die große Wiese in Richtung seiner Fakultät. Nach einiger Zeit kehrt er mit zwei großen Bechern Kaffee und ein paar Brezeln zu Sophia zurück.

Sophia: Oh, wie lieb von dir! Ich sterbe vor Hunger.

Taleb: Ich weiß ja, dass du nie etwas frühstückst. Und ich glaube, wir sitzen hier noch eine Weile. Unser Gespräch hat mich nicht mehr losgelassen. Die Vorlesung hätte ich mir auch schenken können. Die ganze Zeit musste ich darüber nachdenken, wie denn eine Erfindung unseres eigenen Geistes, in unserem Fall Gott, plötzlich so real werden kann.

Sophia: Und wie hast du dich einer Antwort genähert?

Taleb: Als Erstes kam mir in den Sinn, dass wir in unserer Sprache, die bekanntermaßen ja auch unser Denken bestimmt, viele abstrakte Begriffe kennen, die uns ähnlich real erscheinen. Ich dachte dabei zum Beispiel an das Wort „Staat". Politiker hantieren ja gerne mit Wendungen wie „Wir brauchen einen starken Staat, der unsere Bürger beschützt". Obschon eigentlich jedem klar sein sollte, dass der Staat kein Ding an sich ist, nichts, was wir anfassen oder mit unseren Sinnen erfassen könnten, so gelingt es doch mit der Macht der Sprache, aus dem Wort „Staat" eine Art handelndes Subjekt zu erschaffen, das stark sein und sogar

Menschen beschützen kann. Im nächsten Schritt fiel mir auf, dass es in unserem Sprachgebrauch ja geradezu wimmelt von solchen Begriffen, die alleine, für sich genommen, gar keine wirkliche Substanz haben, sondern nur dadurch, dass wir Sinnzusammenhänge bilden, eine lebendige Bedeutung erhalten. Nehmen wir die Wörter „Traum" oder „Liebe". Auch das sind keine sinnlich erfahrbaren Dinge, nichts, was wir berühren, sehen oder riechen könnten. Und doch bestimmen sie in höchstem Maße unser Leben, da sich so vieles um sie dreht. Da lag es nahe, zu erkennen, dass es sich mit dem Wort „Gott" ganz ähnlich verhält. Nicht Gott haucht dem Menschen Leben ein, sondern es ist umgekehrt. Der Mensch haucht vielmehr der zunächst von ihm erfundenen Figur durch Einkleidung in metaphorische Gewänder Leben ein.

Sophia: Der Vergleich passt gut. Wir sind uns darin einig, dass Gott in unserem Gehirn entsteht und seinen Weg über unsere Sprache und die Art des Menschen, zu denken, in die Realität findet, ohne dass außerhalb des Menschen etwas wahrgenommen werden kann, was auf eine tatsächliche, reale Existenz eines göttlichen Wesens schließen ließe. Aber das führt doch direkt zu der Frage, warum diese eine Wort- und Sinnschöpfung so weitreichenden Einfluss erlangt hat, oder?

Taleb: In der Tat. Doch meine Gedanken haben sich dann zunächst unserer Vergangenheit gewidmet. Erinnerst auch du dich noch so lebendig wie ich an all die mythologischen Geschichten aus der griechischen Antike, von denen wir damals in der Schule so viel gehört haben? Erinnerst du dich an Gaia, an Uranos, an Kronos? An all das Treiben der Götter auf dem Olymp?

Sophia: Und wie. Auch wenn mich diese Geschichten im Lateinunterricht oft genug an den Rand der Verzweiflung gebracht haben, so bin ich heute doch dankbar, dass wir uns damals so intensiv damit auseinandersetzen mussten. Und ich gestehe, dass ich immer wieder einmal eines unserer alten Bücher in die Hand nehme und gegen das Verblassen in meiner Erinnerung ankämpfe. Aber wie kamst du darauf?

Taleb: Ich habe darüber nachgedacht, warum all diese Götter und die Geschichten und die Erfahrungen mit ihnen, die doch für die damals lebenden Menschen ebenfalls so real waren, eines Tages in den Bereich der Mythologie übergegangen sind und wir sie heute für nichts anderes als eine Erzählung halten, wie die von Odysseus. Odysseus, Zeus oder Hades sind heute für die Menschheit in gleichem Maße Fiktion. Und doch gab es eine Zeit, in der die Menschen im antiken Griechenland viel Zeit, Kraft und Fleiß darauf verwendeten, ihren Göttern wie zum Beispiel Apollon in Tempeln zu huldigen – genau wie es die Gläubigen heute in den Kirchen, Moscheen oder Synagogen tun.

Sophia: Und was schließt du daraus?

Taleb: Der Mensch haucht seinen Göttern nicht nur Leben ein und führt sie in die Realität, sondern er kann auch jederzeit von ihnen ablassen und sie wieder in das Reich der Erzählung zurückverweisen. Niemand würde heute ernsthaft zu Demeter beten. Folglich kann der Mensch die Existenz und Nichtexistenz von Gottesvorstellungen beeinflussen. Das ist auch nicht überraschend, bedenkt man, dass die Menschheitsgeschichte voll ist von Beispielen untergegangener Gottheiten und von Ritualen, die zu deren Ehren durchgeführt wurden. Es könnte allerdings bedeuten, dass auch der „Gott" unserer Gegenwart eines Tages aus der Lebensrealität der Menschen verschwindet und all die Bücher, die von ihm handeln – die Bibel, der Koran oder die Thora –, genauso angesehen werden, wie wir heute die Sammlungen griechischer Mythologie betrachten. Irgendwann werden wir vielleicht all die darin befindlichen Erzählungen und Rituale bestaunen, und sie werden in Büchern stehen, die sich neben beliebige andere reihen. Die Sage des Tantalos und die Erzählungen über Hiob oder der Lebensweg der Figur Jesus werden gleichrangig sein. Aber wenn du heute zu einem Menschen gehst, der an Gott, Jahwe oder Allah glaubt, und seine Gottheit mit Zeus und Hera auf eine Stufe stellst, so wirst du auf heftige Verneinung, im schlimmsten Fall sogar auf Zorn und Gewalt stoßen. Man wird dich beschimpfen und ohne jede Begründung oder Argumentation verunglimpfen.

Sophia: … und damit nähern wir uns Stück für Stück dem, was einen Gott so gefährlich macht.

GOTT IST AUCH NUR EIN MENSCH

Taleb: Nach allem, was wir bis jetzt diskutiert haben, dürfte ein Gott an sich doch eigentlich gar nicht gefährlich sein.

Sophia: Da hast du natürlich wohl recht. Nicht die Grundidee ist gefährlich, sondern das, was die Menschen aus ihr in einem nächsten Schritt gemacht haben. Denn aus Gott wurde, wie schon gesagt, weit mehr als nur ein harmloser, unsichtbarer Freund. Vielmehr wurde der Begriff mit einer Fülle von Geschichten garniert und regelrecht aufgeladen. Die Götter wurden für den Menschen schnell mehr als einfache Begleiter. Sie wurden zu übernatürlichen Wesen erhoben, mit einem breiten Band an Eigenschaften. Zu Wesen, die bestraften oder heilten, die Leben oder Tod brachten, die mal zornig und mal sanftmütig waren, die rächen oder verzeihen konnten. Somit spiegelte sich all das in den Göttern wider, was auch den Menschen auszeichnete, oder, anders ausgedrückt, Gott wurde von den Menschen zu deren Ebenbild gemacht - nur eben erweitert um ein übersteigertes Maß an Macht und Fähigkeiten. Grausamkeit und Großherzigkeit existierten wie auch im Menschen gleichzeitig nebeneinander und kamen je nach Situation zur Anwendung - manchmal auch im schlagartigen Wechsel. Und so entwickelte sich auch das Verhältnis der Menschen zu ihrem Gebilde. Die Furcht vor und die Liebe zu Gott bildeten quasi eine unverrückbare Einheit. Stets war die Menschheit bemüht, ihre Götter zu besänftigen, um keine Strafe, zum Beispiel in Form einer Dürre, zu erfahren. Dieser Angst entwuchsen die krudesten und bisweilen zutiefst grausamen Formen der Opfergabe, um die

Götter gnädig zu stimmen. Die Menschen waren bereit, immer wertvollere Dinge und persönlichen Besitz ihrem jeweiligen Gott zu überantworten, um im Gegenzug Schutz, bessere Ernten oder Reichtum zu erlangen. Denk nur an die riesige Zahl von Tieren, die auf diversen Altären jämmerlich und unnütz geschlachtet wurde. Die Verblendung ging so weit, dass man selbst vor Menschenopfern nicht zurückschreckte. Die grässlichen Geschichten rund um Abraham sind dafür eines der bekanntesten Zeugnisse. In der Symbiose aus Unterwerfung und Huldigung vermochte es der Glaube an Götter, jeglichen Respekt vor menschlichem Leben auszulöschen. So zögerte Abraham – der Sage nach – in seiner Raserei nicht, seinen eigenen Sohn zu schlachten. Der Glaube konnte demnach den Menschen derart beherrschen, dass andere natürliche Instinkte – wie der, seine eigenen Kinder zu beschützen – und grundlegende menschenwürdige Handlungsweisen nahezu ausgeschaltet wurden.

Taleb: Grundlos das eigene Kind zu töten, ist eine so grauenvolle Tat, dass sich alles in mir dagegen wehrt, mir das überhaupt vorzustellen. Wie nur schafft es der Glaube, Menschen zu Handlungen wie dieser zu verleiten, und warum stieß das nicht seit jeher auf die denkbar größte Ablehnung? Gerade die Erzählung über Abraham gehört ja zum Fundament der Weltreligionen. Hätten die Menschen sich nicht allein aufgrund solcher Geschichten von der Idee eines Gottes abwenden müssen?

Sophia: Das möchte man im ersten Moment meinen. Für den modernen Menschen, der sich als aufgeklärt begreift, sind die vielen grausamen Taten und Verbrechen von Menschen und Göttern, so wie sie in den heiligen Schriften beschrieben werden, schlicht unvorstellbar. Aber wir müssen hier wieder zwei Komponenten berücksichtigen: Da Gott ja vom Menschen erdacht wurde, ist es auch nicht weiter verwunderlich, dass dieser sich auch immer wieder wie ein Mensch verhielt. Denn trotz der ihm zugewiesenen besonderen Fähigkeiten konnte sich Gott immer nur in den Grenzen menschlicher Fantasie bewegen. Insofern ist auch die oft diskutierte Natur der Allmächtigkeit leicht erklärbar. Denn die Allmacht Gottes reichte immer genau so weit, wie es die menschliche Fantasie zum jeweiligen Zeitpunkt zugelassen hat. Würden wir uns heute einen neuen Gott als Nachfolger des alten ausdenken, so hätte dieser sicherlich völlig andere Eigenschaften und Fähigkeiten als vor ein paar tausend Jahren, da wir heute ein anderes Verständnis vom Menschen und ihm als Teil des Universums haben als unsere Vorfahren. Das ist übrigens auch der Grund, weshalb Gott mit steigendem Wissen der Menschheit immer weiter abstrahiert und vom Menschen entrückt wurde. War er in den Anfängen noch ein fast menschliches Wesen, das sogar ganz in der Nähe lebte, wie das Beispiel des Olymps zeigt, so wurde er nach und nach geradezu verbannt; erst in den Himmel, und schließlich in einen undurchdringbaren Schleier der Abstraktheit. Denk nur an Konstrukte wie die Trinitätslehre, deren Ziel es unter anderem war, Gott für den einfachen Menschen als nicht mehr begreifbar darzustellen. Und hier kommt die zweite Komponente ins Spiel.

DIE ANGST ALS GEBURTSHELFER DER RELIGION

Taleb: Meinst du diejenigen, die die Vorstellung Gottes so geformt haben, wie es ihren Zwecken entsprach? Also quasi der Mensch als Gotteslenker?

Sophia: Fast; ich würde aber eher vom Menschen als Menschenlenker sprechen. Denn über die Jahrhunderte hinweg entwickelte sich durch all die überlieferten Erzählungen aus der zunächst noch etwas naiven Fantasie eines Gottes ein weit verzweigtes System aus geordneten Geschichten, Ritualen, Regeln, Prophezeiungen, aus Anweisungen und vielem mehr, was wir zusammen schlussendlich als Religion bezeichnen.

Taleb: Demnach ist für dich Religion sozusagen die Institutionalisierung des Glaubens im Rahmen eines Systems?

Sophia: Ja, das trifft es ziemlich genau. Und es waren wiederum Menschen, die sich die Religion als System erschaffen haben, um gewisse Bedürfnisse zu befriedigen. Ganz gleich, ob man sie Schamanen, Auguren, Imame oder Priester nennt, es gab zu allen Zeiten auf allen Kontinenten diejenigen, die für die Ausgestaltung, die Entwicklung, die Umsetzung und die Weitergabe des regional geprägten Religionssystems zuständig waren. Sie waren es, die anhand von Legenden und Sagen ein komplexes Geflecht aus Verboten und gebotenen Handlungen schufen, um die jeweiligen Mitglieder der Gesellschaft zu führen und zu lenken.

Taleb: Ich verstehe, was du meinst. Aber was ich nicht verstehe, ist, warum die Menschen sich so bereitwillig dem Religionssystem ergeben haben und den Religionsführern gefolgt sind.

Sophia: Auch das lässt sich leicht nachvollziehen, wenn wir von den grundlegenden Triebfedern des Menschen ausgehen. Welche sind das deiner Meinung nach?

Taleb: Hm, mit dieser Frage betrittst du ein weites Feld. Ist der Mensch nicht zu facettenreich, um das so einfach beantworten zu können?

Sophia: Im Prinzip ja. Ich wollte aber wirklich nur auf etwas ganz Einfaches hinaus. Stell dir mal den Menschen vor rund 10 000 Jahren vor, also irgendwo im Bereich der neolithischen Revolution. Womit war er damals beschäftigt?

Taleb: Ich verstehe nicht so ganz - die gesellschaftlichen Verhältnisse waren natürlich alle noch sehr primitiv und unterentwickelt. Der Mensch fing bekanntermaßen an, in dieser Zeit sesshaft zu werden, Ackerbau zu betreiben und überhaupt erst Dörfer und größere Gesellschaften zu begründen. Da standen noch die elementarsten Bedürfnisse im Vordergrund.

Sophia: Eben. Welche fallen dir da ein?

Taleb: An erster Stelle der Selbsterhaltungstrieb. Der Mensch musste ja noch ganz anders als heute um sein Überleben kämpfen, er war völlig anderen Gefahren ausgesetzt. Jedes Naturereignis, jede Wetterkapriole, für uns harmlose Krankheiten oder Tiere stellten ein permanentes Risiko dar, nicht nur das eigene Leben, sondern das ganzer Gruppen und Familien zu verlieren. Daneben stellte natürlich wie auch heute die Fortpflanzung einen Urtrieb dar. Aber ich unterstelle, dass es selbst schon zu dieser Zeit auch einen mächtigen Forschungstrieb gab, mit dem Ziel, die herrschenden Rahmenbedingungen zu ergründen und zu verstehen und vor allem die eigene Lebenssituation zu verbessern.

Sophia: Und hier möchte ich einen Aspekt ergänzen. Stimmst du mir zu, dass der Mensch trotz aller Fähigkeit, zu denken und nach logischen Prinzipien zu handeln, in erster Linie ein Wesen ist, das durch seine Emotionen geprägt wird?

Taleb: Natürlich. Wir begreifen uns gerne als rational, vernunftbegabt und logisch und doch spielen unsere Emotionen eigentlich die Hauptrolle. Liebe, Wut, Freude, Hass, Trauer oder Angst sind weit bedeutsamer für all unser Tun als sorgsame Abwägung oder nüchterne Überlegung.

Sophia: Und welches dieser Gefühle würdest du als das stärkste bezeichnen?

Taleb: Das ist einfach. Die Angst.

Sophia: Warum die Angst?

Taleb: Um genauer zu sein, ich denke hier an die Todesangst. Wenn der Mensch mit einer Angst konfrontiert wird, bei der es um das reine Überleben geht, muss, bis auf wenige Ausnahmen, alles andere hintenanstehen. Wer um sein Leben fürchtet, für den ist diese Furcht zentral. Wer am offenen Grab um einen Menschen trauert, wird diese Trauer zurückstellen, wenn er einen Skorpion am Rande des Grabes entdeckt; wer auf einem Schiff bemerkt, dass es zu sinken beginnt, wird auch dem ärgsten Feind und Widersacher die Hand reichen, wenn damit das eigene Überleben gesichert werden kann. Und selbst von einer geliebten Person würde man sich abwenden, wenn sie einen tödlichen Virus in sich trägt, gegen den man sich selbst nicht schützen kann. Unter solchen Umständen wird der Überlebenstrieb so mächtig, dass die Angst vor dem Tod alle anderen Emotionen überlagert. Daher meine ich, dass abgesehen von speziellen Fällen wie zum Beispiel der Selbstopferung, die die Ausnahme und nicht die Regel sind, die Angst die stärkste aller Emotionen ist.

Sophia: Das klingt zwar etwas vereinfachend, aber im Grundsatz gebe ich dir recht. Die Angst ist stark in uns Menschen, und wie die Tiere rennen wir um unser Leben, wenn wir in Bedrängnis geraten. Vergiss dabei aber nicht, dass ebenfalls Wut und Hass genauso wie Liebe den Menschen nahezu vollständig beherrschen können. Das haben zu allen Zeiten diejenigen erkannt, die es sich leisten konnten, über die Dinge des Lebens nachzudenken.

Taleb: Und wenn dann auch noch ein intensiver Drang nach Machtausübung hinzukommt, Menschen sich über andere erheben oder verehrt werden wollen, dann landen wir bei den Vertretern der Religionen, richtig?

Sophia: Genau. Denn Religion geht auch mit der Fähigkeit Einzelner einher, sich die Ängste der Vielen nutzbar zu machen. Anders formuliert ist Religion geradezu ein Ausdruck davon, Angst zu kultivieren. Wobei es, wie schon gesagt, nicht um die Angst allein gegangen ist. Die Religionsstifter, die Propheten und die herausragenden Priester vermochten es, geschickt auf der Klaviatur aller Emotionen zu spielen und damit die einfachen Menschen, die nicht über die nötige Zeit oder die Möglichkeit zu hinreichender Selbstreflektion verfügten, zu manipulieren. Die große Masse der Menschen war für die Religionslenker stets ein leichtes Opfer, um ihre eigenen Ziele zu erreichen.

Taleb: Du hattest ja auch schon von der Furcht vor und der Liebe zu Gott als Einheit gesprochen. Mir fällt gerade auf, dass es für dieses Prinzip einen Begriff gibt, nämlich Ehrfurcht. Hier verschmelzen die positiv empfundenen Gefühle der Liebe und Verehrung mit den negativen Gefühlen der Angst und der Furcht.

Sophia: Richtig. Denken wir nur an Wendungen wie „vor Ehrfurcht erstarren". Hierin zeigt sich, dass der Mensch bei einem hohen Maß an Bewunderung, an Angst oder durch Kombination von beidem seine eigene Handlungsfähigkeit verliert. Das Subjekt wird in diesem Moment zum Objekt degradiert und damit quasi zum Spielball einer übermächtigen Instanz. Und noch bevor ein Wort einer Predigt gesprochen ist, wird dieser Prozess allein schon durch den Eintritt in gewaltige Sakralbauten eingeleitet. Wann warst du zuletzt in einer großen Kirche?

DER KLEINE MENSCH AN GROSSEM ORT

Taleb: Vor Kurzem war ich bei Freunden in Paris zu Besuch und dort habe ich mir natürlich auch einige bekannte Gebäude angesehen. In dieser Stadt lernt man sozusagen alle paar Meter begreifen, was Ehrfurcht bedeutet.

Sophia: Inwiefern?

Taleb: An einem solchen Ort, mit all seinen riesigen, geradezu unendlich wirkenden Bauten, muss jeder zutiefst beeindruckt sein, egal, ob man durch die Flure des Louvre, durch den Spiegelsaal in Versailles oder den Innenraum von Notre-Dame wandelt. Wenn ich an diese Orte zurückdenke, weiß ich genau, was du meinst. Allein die schiere Größe der Gebäude erfüllt einen Menschen mit Ehrfurcht. Und wir, die wir heute in aller Welt gigantische Bauwerke als Touristen besuchen, weil wir binnen weniger Stunden jeden Ort auf diesem Planeten erreichen können, dürften noch weit weniger ergriffen sein als diejenigen, die zur Zeit ihrer Entstehung dort waren.

Sophia: Was hast du bei deinen Besuchen dort noch gefühlt?

Taleb: Für mich war es geradezu ein Feuerwerk der Gefühle. Ich war hingerissen und zerrissen zugleich. Zum einen habe ich natürlich die Größe bewundert, die künstlerischen Leistungen, den Prunk, den Reichtum und den Überfluss. Auf der anderen Seite fühlte ich einen regelrechten Ekel, eine Abscheu. Denn völlig egal, ob wir in Paris, Rom, Madrid oder sonst irgendwo auf dieser Welt sind, wird auch sofort deutlich, wozu diese Bauten immer dienten, unabhängig, ob es sich um die Paläste der weltlichen oder um die Kathedralen der religiösen Herrscher handelte. Sie waren und sind stets eine Demonstration von Macht, um den Besucher einzuschüchtern, ja, zu erniedrigen. Denn wenn der Gast sich klein fühlt, hat der Hausherr leichtes Spiel.

Sophia: Wie ähnlich wir uns doch sind. Mir ging es dort genauso. Man muss nicht erst in die Katakomben herabsteigen, um sich ein wenig zu gruseln, mir reichte vollkommen aus, Notre-Dame zu betreten. Ich dachte nur daran, wie viel Mühsal und Leid all die Menschen auf sich nehmen mussten, die Stein auf Stein setzten, um ein Werk zu errichten, mit dem man ihresgleichen besser gefügig machen konnte. Es war mir, als ob man sie ohne ihr Wissen gezwungen hätte, ihr eigenes Schafott zu bauen; ein Schafott, um den freien Geist des Menschen hinzurichten. Es treibt mir jetzt noch die Zornesröte ins Gesicht, wenn ich an all die Verschwendung menschlicher Schaffenskraft und menschlichen Lebens denke, um all diese Bauwerke aus dem Boden zu stampfen.

Taleb: Wow, selten hab ich dich so aufgebracht erlebt.

Sophia: Ja, ich weiß, manchmal überwältigt mich mein Mitleid mit all den Menschen, die in meinen Augen zu willenlosen Werkzeugen gemacht worden sind. Ich wünsche mir immer, ich könnte in der Zeit zurückreisen und wenigstens einen Teil von ihnen retten.

Taleb: Jetzt scheinst du mir aber wirklich von Sinnen zu sein. So kenne ich dich gar nicht. Was macht dich denn so sicher, dass diese Menschen überhaupt gerettet werden wollten? Kannst du dir nicht vorstellen, dass sie dieser Arbeit voller Freude nachgegangen sind und gerade mit dieser Arbeit ihrem Leben einen Sinn gegeben haben?

Sophia denkt nach und verharrt einen Moment in Stille.

Sophia: Du hast vermutlich recht. Ich bin nicht in der Position, darüber zu urteilen, wie sie sich gefühlt haben. Gerade weil sie einen Teil zu etwas Großem, etwas geradezu Übermenschlichem beigetragen haben, waren sie trotz der Anstrengungen und Entbehrungen womöglich voller Stolz. Ihr Glaube wird ihnen auch eine wesentliche Stütze gewesen sein, und würde ich jetzt neben ihnen stehen und sie von ihrer Arbeit abhalten wollen, so würden sie mir vermutlich mit völligem Unverständnis begegnen. Ja, okay. Ich stimme dir zu. Es ist falsch von mir, so an die Sache heranzugehen. Für den einzelnen Arbeiter mag das alles kein solches Übel gewesen sein, wie ich mir das vorstelle. Und dennoch bleibe ich dabei, dass den Arbeitern, auch wenn sie es nicht wussten oder nichts davon ahnten, von der geistigen und weltlichen Obrigkeit übel mitgespielt wurde. Ihnen waren nicht die Vorzüge vergönnt, die wir heute genießen dürfen. Du und ich, wir können so frei wie vielleicht noch niemand vor uns entscheiden, was wir tun, wie wir denken und wie wir handeln wollen, auch wenn wir nicht aus reichen Familien stammen. Früher konnten es sich nur die Reichsten leisten, frei zu denken. Statt Medizin zu studieren, hättest du ebenso gut Schreiner oder Pilot werden können. Und ich hätte Rennfahrerin oder Ingenieurin werden können, anstatt mich der Literatur und der Philosophie zu widmen. Wir haben von Kindesbeinen an Bildung erhalten, wir konnten reisen und spielen, die Eltern und Ärzte kümmerten sich um uns, wenn es uns schlecht ging. Wir haben so viel und die Menschen hatten damals so wenig. Darf man da nicht auch mal wütend werden?

Taleb: Aber sicher doch. Wir dürfen uns darüber freuen, wer wir sind und was wir sein können. Und es ist auch verständlich, wenn wir aus heutiger Perspektive beklagen, wie noch vor kurzer Zeit die herrschende Klasse die Menschen behandelt hat. Aber wer weiß, vielleicht sitzen auf eben unseren Steinen hier in hundert Jahren zwei junge Studenten, die unsere Art zu leben genauso bedauern, wie du jetzt die bedauerst, die auf der Baustelle der Notre-Dame ihr Leben ausgehaucht haben.

ROLLENVERTEILUNG ZWISCHEN DEM MENSCHEN UND SEINEM GOTT

Taleb und Sophia halten einen Moment inne, als ein kleines Mädchen, begleitet von seiner Mutter, am Rand des Brunnens entlangläuft und ab und an mit den Fingern spielerisch in das Wasser tappt. Als das Mädchen ein Gänseblümchen entdeckt, das aus einer kaum sichtbaren Fuge zwischen zwei Steinplatten herausragt, bleibt es stehen, schaut sich die kleine Pflanze neugierig an und streichelt sie ganz vorsichtig, ohne sie abzureißen. Taleb hört, wie das Kind mit seiner Mutter darüber spricht, wie denn so eine winzige Blume inmitten von Steinen leben kann.

Taleb: An einem Tag wie heute könnte einen solch eine Szene zu Tränen rühren. Da draußen herrscht Schockstarre, alle reden nur über den tragischen Anschlag, und hier flaniert ein Mädchen, das nichts von all dem weiß und mit seiner Mutter völlig unbekümmert darüber spricht, wie ein solches kleines Lebewesen in den Steinen leben kann und wie man das Blümchen denn am besten schützen könnte.

Sophia: Ja. Wir bräuchten uns hier nicht den Kopf zerbrechen, wenn alle das Leben so wertschätzen würden wie dieses Kind.

Das Mädchen ist inzwischen weitergelaufen und spielt auf der Wiese, während die Mutter ihm entspannt zuschaut.

Taleb: Das ist die kurze Zeitspanne, in der die Friedfertigkeit uns noch dominiert.

Sophia: Das stimmt, aber das passt trotz allem zum Thema der Lenkung durch Angst und Furcht, denn nicht immer ist das Verhältnis von Eltern zu ihren Kindern so harmonisch, wie wir es hier gerade sehen. Ähnlich ist es auch mit dem Verhältnis der Menschen zu ihren Göttern. Ist dir einmal aufgefallen, wie geschickt es die Religionslenker schafften, eine Arbeitsteilung zwischen den jeweiligen Göttern und den Menschen einzurichten? Im Großen und Ganzen war es doch so, dass man alle positiven Vorkommnisse den Göttern zuschrieb. Das Überstehen einer schlimmen Krankheit, die Geburt eines gesunden Kindes, eine gute Ernte oder das Vorbeiziehen eines Unwetters – stets huldigte man irgendeiner Gottheit dafür, bedankte sich und beging Feste zu ihren Ehren. Im umgekehrten Fall, also wenn die Ernte schlecht, das Kind krank oder das Unwetter fürchterlich war, wurde der Mensch dafür verantwortlich gemacht. Immer wieder wurde ihm eingetrichtert, dass ein Fehlverhalten seinerseits zu einer Strafe durch den an sich gutmütigen Gott führte. Und ein schlichtes Gemüt war für solche Lehren anfällig, schließlich kannte man dieses Prinzip ja aus der Kindheit. Wer Regeln der Eltern, die sonst gut und beschützend waren, nicht befolgte – unabhängig davon, ob man die Regel überhaupt verstanden hat –, wurde bestraft. Da war es leicht, dieses Prinzip auch auf das Verhältnis zwischen Gott und den Menschen anzuwenden. Man wäre früher nie auf die Idee gekommen, das Züchtigungsrecht von Eltern infrage zu stellen. Kinder wurden bestraft, gedemütigt und geschlagen, unabhängig von den Regeln, die zum Teil völlig willkürlich waren. Aber da die Eltern für Nahrung, Kleidung und Schutz sorgten, blieb einem ja gar nichts anderes übrig, als das zu akzeptieren. So hatten auch die religiösen Lenker eine Blaupause für Gott und die Menschen.

Egal wie willkürlich die Regel auch war, Gott konnte und durfte zu jeder Zeit Strafen aussprechen, wenn der Mensch gegen sie verstoßen hat.

Taleb: Und dieses Prinzip lebt ja bis heute fort. Wenn irgendwo ein schlimmes Unglück passiert, ist gleich irgendein Kleriker zur Stelle, der das Verhalten der Menschen dafür verantwortlich macht und Gott sogar dafür preist, das Unglück hervorgerufen zu haben. Ich erinnere mich noch an Katrina, den Wirbelsturm, der verheerende Schäden in New Orleans angerichtet hat. Das passierte, als ich dreizehn oder vierzehn Jahre alt war, und mich haben nicht nur die Bilder der Verwüstung erschreckt, sondern noch mehr, dass es damals Pfarrer gab, die dieses Ereignis nahezu bejubelt haben und die angesichts all der Zerstörung und der leidenden Menschen um sie herum ihrem Gott dafür dankten, dass er die Stadt gesäubert und von angeblich sündhaftem Verhalten befreit habe. Da habe ich genau den Zorn gespürt, der dich vorhin gepackt hat.

WARUM DIE SÜNDE GOTT AM LEBEN HÄLT

Sophia: Das kann ich gut verstehen. Mich macht es auch fassungslos, dass im 21. Jahrhundert manche Menschen immer noch so argumentieren, und dass es dann auch noch Anhänger gibt, die solche zynischen Aussagen sogar gutheißen und ihnen zustimmen. Aber du hast eben eines der beiden schlimmsten Konzepte erwähnt, die erfunden worden sind, um den Menschen in einer Art geistigen Knechtschaft zu halten.

Taleb: Du meinst die Sünde?

Sophia: Genau. Hast du dich einmal gefragt, was Sünde überhaupt sein soll?

Taleb: Ich glaube, die meisten verstehen darunter zunächst einmal eine gewisse Verfehlung, das Brechen oder Übertreten von Regeln. Aber man sagt auch, dass Sünde einen Zustand des Getrenntseins von Gott darstellt oder ein Sich-Ablösen von ihm. Man kann einen so vielschichtigen Begriff aber kaum in ein paar Worte fassen, oder?

Sophia: In der Tat gibt es unzählige Literatur und Untersuchungen rund um dieses Wort. In meiner Fakultät werden ganze Seminare dazu abgehalten, in denen man sich bemüht, den Begriff einerseits mit Sinn zu füllen und ihn andererseits so weich zu zeichnen, dass er sich einer konkreten Anschauung entzieht. Das verwundert mich nicht angesichts der Tragweite des Begriffs für die Lehren der Religionen. Denn stößt man die Sünde von ihrem Sockel, so gerät mit ihr das ganze Fundament der Religionen ins Wanken. Denk einmal an unseren unsichtbaren Freund von vorhin zurück. Dieser verschwindet ja gewöhnlich im Laufe der Zeit. Die Religionslenker brauchten also ein Konzept, um dafür zu sorgen, dass die Realität gewordene Fantasie Gottes nicht wieder verblasst. Und hier kommt unter anderem die Sünde ins Spiel, die eine Art von Anker darstellt, um Gott gewissermaßen am Leben zu halten. Oder anders gesagt: Die Sünde ist wie eine unsichtbare Harpune, die von den Priestern in das Fleisch der Menschen geschossen wird, um sie an die Vorstellung eines Gottes zu binden. Stell dir das so vor: Du hast ja erwähnt, dass die Sünde als Entfremdung oder als Trennung des Menschen von Gott gesehen wird, und sündiges Verhalten war stets etwas Negatives. Sünder waren diejenigen, zu denen man selbst nicht gehören wollte, Sünder waren die, die man aus der Gemeinschaft ausgestoßen hat, mit denen niemand etwas zu tun haben wollte. Auf Sünder zeigte man mit dem Finger und man sprach schlecht über sie. Wann immer also ein Mensch zu irgendeinem Zeitpunkt anfing, zu zweifeln und sich von der Idee eines göttlichen Wesens zu lösen, bereitete ihm der Widerhaken der Harpune einen Schmerz. Der Gedanke, das göttliche Wesen wie den unsichtbaren Freund loszulassen, bedeutete, sündig zu werden. Anderen Menschen zu offenbaren, dass man nicht mehr glaubte, war gleichzeitig mit einem hohen Risiko verbunden. Wer nicht mehr glaubte und als Sünder gebrandmarkt wurde, musste um sein Leben fürchten, was vielerorts ja heute noch so ist. Und aus dem Schmerz oder der Angst vor dem Schmerz, den diese unsichtbare Harpune verursachte, war es für die Menschen sinnvoller, die Illusion eines Gottes zumindest nach außen aufrecht zu erhalten, egal wie sehr man zweifelte. Ich gehe sogar davon aus, dass sich unzählige Menschen allein aus der Angst heraus, zum Sünder zu werden, innerlich zum Glauben an Gott überredet haben.

Taleb: Also war das Konzept der Sünde ein zentrales Element, um den Menschen beherrschen zu können?

Sophia: Genau. Und im Laufe der Zeit wurde dieses Konzept immer weiter ausgebaut. Die Sünde wurde zum Axiom. Niemand hinterfragte mehr, ob der Mensch an sich überhaupt sündig ist. Ein wichtiger Beleg dafür ist die skurrile Geschichte vom berühmten Sündenfall, die oft erzählt, aber deren Kern kaum reflektiert wurde. Auch diese Geschichte entsprang natürlich der Fantasie des Menschen, aber durch millionenfach wiederholte Erzählung und Tradierung entwickelte sich im kollektiven Bewusstsein aus der Fiktion eine gefühlte Realität. Es gelang den Religionslenkern tatsächlich, dem Menschen weiszumachen, dass sich schon am Anfang der Menschheitsgeschichte eine bedeutsame Verfehlung zugetragen habe, die dann sogar noch als Rechtfertigung diente, das ganze Menschengeschlecht einer fortwährenden Bestrafung auszusetzen.

Taleb: Warum nur hat man bei dieser Geschichte nicht einmal darüber nachgedacht, dass schon das Gebot Gottes, nicht von den Früchten des Baums der Erkenntnis essen zu dürfen, unsinnig und falsch war? Es ist doch völlig absurd, den Menschen von grundlegendem Erkenntnisgewinn abhalten zu wollen und ihm die Beschäftigung über die Fragen zu untersagen, was gut und was böse ist. Warum hat man nicht umgekehrt erkannt, dass in der Aufstellung des Gebots das eigentlich verwerfliche Verhalten lag, und dass demnach, wenn überhaupt, Gott der eigentliche Übeltäter war?

Sophia: Das können wir heute so sehen. Wir verfügen über die Freiheit, solche Erzählungen aus allen möglichen Blickwinkeln zu betrachten. Wir können sogar offen darüber nachdenken, ob diese Geschichte aus einer sadistischen Intention heraus entstanden ist – wenn man ganz nüchtern betrachtet, dass ein übermächtiges Wesen ein fehlerhaftes Wesen schafft, es dann in die Falle laufen lässt, um es anschließend über Jahrtausende hinweg zu bestrafen. Aber auch hier gilt, dass die breite Masse in den Jahrhunderten vor der Aufklärung in den feudal geprägten Systemen überhaupt nicht in der Lage gewesen ist, die Geschichten aus der Bibel so zu hinterfragen, wie wir das heute können. Schließlich gab es keinen allgemeinen Zugang zu Bildung, der Alphabetisierungsgrad war niedrig und die Liturgie war auch nicht gerade auf ein tieferes Verständnis der Gemeinde angelegt. So konnte eine Reflexion über das, was der Klerus einem vorsetzte, erst gar nicht stattfinden.

Taleb: Stimmt. Wäre es anders gewesen, hätte man niemals die Sintflutgeschichte ertragen können. Würde heute jemand so etwas verfassen, würde man vermutlich von einer misanthropisch geprägten Massenvernichtungsfantasie sprechen. Es ist und bleibt trotz allem, was wir bedacht haben, für mich unverständlich, wie die Menschen all diese Bestrafungsfantasien in der Bibel und anderen Schriften über sich ergehen lassen konnten – und darüber hinaus noch glauben, dies alles sei so, weil man selbst sündig lebte.

Sophia: Mir kommt da gerade ein Satz aus Kafkas „Strafkolonie" in den Sinn: „Die Schuld ist immer zweifellos." Die Religionslenker hatten es geschafft, die Sünde als Konzept zweifellos erscheinen zu lassen. Die eben von mir erwähnte Harpune als Sinnbild der Sünde ist so tief in das Fleisch und in den Geist des Menschen eingedrungen, dass sie quasi zu einem Teil des Menschen wurde. So war es dann mittels der Idee der Sünde auch möglich, den Menschen von sich und seiner Natur zu entfremden.

Taleb: Was meinst du damit?

Sophia: Der Mensch wurde im Laufe des seit Jahrmillionen andauernden Prozesses der Evolution mit einer Vielzahl von Eigenschaften ausgestattet, die uns zwar manchmal in die Quere kommen, aber fundamentaler und konstitutiver Bestandteil unserer Existenz sind. Maßlosigkeit, Gier, Aggression, sexuelle Begierde, Neid, Eifersucht, einfach alles, was wir Menschen empfinden, was uns lenkt und manchmal auch die Oberhand gewinnt, ist Teil eines völlig natürlichen evolutionären Programms beziehungsweise Teil unseres evolutionären Erbes. Nichts von all dem ist etwas, dessen man sich schämen müsste. Doch die Religionslenker hatten, um bei dem Bild der Harpune zu bleiben, diese auch noch in das Gift der Selbstablehnung getränkt. Mittels der Idee der Sünde gelang es so, den Menschen auch davon zu überzeugen, dass er aufgrund seiner natürlichen Eigenschaften schlecht sei, ein an sich völlig absurder Gedanke. Aber gezielte und fortwährende Einwirkung durch die Religionslenker erreichte ihr Ziel. Nicht nur war Gott Teil der Realität geworden, sondern ebenfalls die aus dem Gedanken der Sünde resultierende Selbstverachtung.

Und damit war der Weg geebnet, sich als Mensch bereitwillig bestrafen zu lassen für das, was er ist. Selbst die absurdesten Bestrafungen und Vernichtungsfantasien wie die von dir erwähnte Sintflut konnten aufgrund der selbst auferlegten Schlechtigkeit als gerecht und gerechtfertigt gedeutet werden.

Taleb: Was für eine deprimierende Vorstellung. Aber so wird wenigstens deutlich, welch mächtiges Werkzeug die Religionslenker sich mit der Idee der Sünde in Verbindung mit der Gottesvorstellung gegeben haben. Man konnte auf diese Weise völlig willkürliche Regeln aufstellen und deren Einhaltung einfordern. Man konnte den Menschen nicht nur für seine Handlungen, sondern für quasi jede geistige Regung zur Rechenschaft ziehen. Und jedes Unglück, das über den Menschen hereinbrach, konnte man als legitime Bestrafung interpretieren. Oh, wie traurig und erbärmlich.

Sophia: Nicht für die, die hinter den Altären standen, sondern nur für die davor, denen unsere heutigen Erkenntnisse vorenthalten wurden. Denn ich bin sicher, dass die „Führungselite" von damals genau um all das wusste. Die gebildete Schicht hatte die nötigen Fähigkeiten und geistigen Mittel, diese Prozesse zu durchschauen und geschickt für sich selbst nutzbar zu machen. Angst, Sünde und Selbstverachtung bildeten das Grundgerüst, das man zusätzlich noch mit Liebe ergänzte, indem man den Menschen Gott als zu liebende und liebenswerte Instanz vermittelte. Doch das alles war noch nicht genug.

AM ANFANG WAR DIE HÖLLE

Taleb: Wie konnte es noch schlimmer werden?

Sophia: Ich hatte ja von zwei Konzepten gesprochen, die für die geistige Knechtschaft sorgen sollten. Kannst du dir denken, worauf ich neben der Sünde noch hinauswill?

Taleb: Ehrlich gesagt, tappe ich gerade etwas im Dunkeln.

Sophia: Denk mal einen Augenblick an verschiedene Arten von Bestrafung.

Taleb: Du meinst Bestrafungen durch Gott?

Sophia: … oder seine Vollstrecker.

Taleb: Nun, da gab es eine große Vielfalt. Denn was Bestrafungen anbelangte, da war der menschliche Geist sehr kreativ. Ich denke zum Beispiel an Steinigungen, an Folter, an Plagen, an Krankheiten, an Dürren, an Kriege, an Unwetter, an Epidemien … Das lässt sich nahezu beliebig lange fortsetzen.

Sophia: Richtig. Denk dabei auch an die Geschichte von Hiob, dessen Gottesfurcht Gott auf martialische Weise testen will. Sein ganzer Besitz wird zerstört, alle seine Kinder getötet und er selbst mit Krankheit geschlagen, und all das nur, um zu prüfen, ob das Vertrauen in Gott und die Liebe zu ihm groß genug sind, um sozusagen bei der Stange zu bleiben. Die totale Selbstaufgabe des Menschen zugunsten seiner Gottheit wird hier regelrecht zelebriert. Um eine solche Geschichte zu erfinden, um das geforderte Maß an Unterwerfung aufzuzeigen, musste jemand wahrlich eine ganz besondere Fantasie gehabt haben. Und die Religionslenker vermochten es, sogar solch abscheuliche Misshandlungen dahingehend zu deuten, dass der Mensch sie nicht nur tolerierte, sondern auch akzeptierte.

Taleb: Aber du wolltest ja nicht auf Hiob hinaus.

Sophia: Stimmt. Ich wollte nur auf das ganze Arsenal von Bestrafungen hinweisen, das schlussendlich aber immer noch nicht reichte. Es brauchte noch eine Steigerung, eine Strafe, die sich der menschlichen Vorstellungskraft entzieht.

Taleb: Die Hölle.

Sophia: Genau – die Transzendenz irdisch erfahrbaren Leids in die Unendlichkeit. Die Hölle ist das vielleicht Perfideste, das je von Menschen erdacht worden ist. Kannst du dir vorstellen, warum sie so wirkungsvoll ist?

Taleb: Ja. Bei den anderen Bestrafungen war ein Ende abzusehen. Alle Qual und alles Leid waren wenigstens endlich. Man kann sich zwar den eigenen Tod nicht vorstellen, aber irgendwie weiß man oder ahnt zumindest, dass mit ihm alles vorbei sein wird. Ich habe mir beim Lesen über die Wirren der Französischen Revolution immer vorgestellt, wie es wohl wäre, selbst unter einer

Guillotine zu liegen, kurz bevor der Henker den Auslösemechanismus des Beils betätigt. Ich konnte dabei förmlich die allumfassende Angst in jeder Faser meines Körpers spüren, gekoppelt mit dem unbändigen Willen, weiterzuleben, und der Gewissheit, es nicht mehr zu dürfen. Und dann folgte ein nur kurzer Schmerz, ein Moment der Überraschtheit, ein fast neugieriges Wundern, wie es wohl weitergeht, dann die Dunkelheit des Einschlafens und zum Schluss ein Nichts, zu dessen Erkenntnis wir nicht fähig sind. Dieser Prozess ist irgendwie zum Greifen nahe, und wenn man ihn nur oft genug durchspielt, könnte man meinen, dass er seinen Schrecken verliert. Doch immer, wenn man beim Nichts ankommt, gerät man ins Stocken und kehrt an den Ausgangspunkt zurück, weil man dem Wunsch zu leben treu bleibt. Mit der Hölle wird das Nichts jedoch überwunden. In diesem grausamen Jenseits ist dem Menschen kein Ende mehr vergönnt, sondern er wird gezwungen, unendliche Qualen und ewiges Leid zu erfahren.

Sophia: Jetzt läuft mir ein Schauer über den Rücken, aber genau das ist es. Die Unendlichkeit ist für den Menschen nicht fassbar, weshalb er eigentlich, ganz wie du sagst, im Normalfall geistig an den Ausgangspunkt seines bestehenden Lebens zurückkehrt. Das Konzept der Hölle nimmt ihn aber bei der Hand und lässt ihn zum Beispiel die Todesangst und den Moment des Aufschlags des Beils der Guillotine unendlich oft erfahren. Da dies unaufhörlich stattfindet und der Mensch das in der für ihn nicht denkbaren Unendlichkeit erlebt, muss er regelrecht wahnsinnig werden ob dieses Gedankens. Somit hat man mit der Hölle eine Bestrafungsform geschaffen, die über alles zuvor Dagewesene hinausgeht. Das Fallen auf dem Schlachtfeld, das Dahinsiechen aufgrund ei-

ner Krankheit und selbst das Verbrennen bei lebendigem Leibe
– mit all dem konnte der Mensch gedanklich zumindest ansatz-
weise noch fertigwerden, ohne es aufgrund seiner Beschränktheit
zu einem wirklichen Ende zu bringen. Aber die Hölle sprengte
alle Vorstellungskraft und katapultierte die Angst auf ein zuvor
ungekanntes Niveau. Mit diesem mächtigen Werkzeug an der
Hand konnte man den Menschen leicht zu einem gehorsamen
Diener machen. Denn wann immer er gegen irgendwelche, von
wem auch immer formulierten Regeln verstieß, konnte man ihm
von der Kanzel herab mit dem Eintritt in die Hölle drohen und
so mit einem endlosen Leid konfrontieren, das fernab jeglicher
Vorstellung lag. Da spurte dann im Zweifel auch der widerspens-
tigste Freigeist.

Taleb: Wozu brauchte es dann überhaupt noch einen Himmel,
wenn man zur Steuerung des Menschen schon das Werkzeug der
Hölle besaß?

Sophia: Wir hatten ja bereits darüber gesprochen, dass die Angst
von allen Emotionen die stärkste und dominanteste ist. Insofern
ist psychologisch gesehen die Idee der Hölle der erste Schritt zur
Beherrschung des Menschen, weshalb man eigentlich die einlei-
tenden Worte der Bibel umschreiben sollte zu „Am Anfang schuf
Gott Hölle und Erde". Das hätte aber weit weniger gut geklungen
als die Fassung mit dem Himmel. Richtig ist aber auch, dass der
Mensch nach der Abwesenheit von Leid strebt. Seine Forschungen
und seine Wissenschaften sind aus der Makroperspektive betrachtet darauf ausgelegt, das Leben zu verbessern, zu erleichtern und
es erträglicher zu gestalten. Steht zu befürchten, Schmerz, Leid

und Elend erdulden zu müssen, wird der Mensch ganz selbstverständlich nach einer Ausweichstrategie suchen. Die gescheiterte Suche nach dem Stein der Weisen oder die überaus erfolgreichen Fortschritte in der Medizin sind nur zwei Belege, mit welcher Inbrunst sich die Menschen der Wissenschaft gewidmet haben, um ihre Lebensbedingungen zu verbessern. Aber die Abwesenheit von Leid ist nur die eine Seite der Medaille. Denn die Abwesenheit von etwas bedingt hier zugleich die Sehnsucht nach etwas – zum Beispiel nach körperlicher Gesundheit und ewigem Frieden. Ein Zustand des Menschen ohne Hunger, Durst oder Krankheit, ohne Streit und Hass, der nur von Liebe, der Einheit von Mensch und Natur und dem Vorhandensein aller benötigten Güter geprägt ist, war zu allen Zeiten etwas, das der Mensch ersehnt hat. So war denn auch der Himmel der perfekte Gegenpart zur Hölle. Wer der Hölle entkommen will, der braucht einen Ort, nach dem er Sehnsucht hat. Der Mensch ist auch hier in einem für ihn ganz typischen Dualismus gefangen. Als Alternative zur Hölle ist eine ewige Weiterexistenz auf Erden kaum denkbar, und da der Mensch eben gern nach dem Schema „gut oder böse" denkt, war die Erfindung des Himmels konsequent und wurde für die Führung des Menschen ungemein hilfreich. So konnte man ihn immer vor die Wahl stellen: Wenn du gehorchst und die Regeln befolgst, dann wird es dir ewig gut ergehen, und wenn du es nicht tust, musst du unendliches und unvorstellbares Leid erfahren. Diese Handlungsalternativen wurden ihm dann zynischerweise sogar noch als seine persönliche Freiheit verkauft. Man machte die Masse glauben, sie könne sich in ihrem Handeln frei für absolute Kategorien – Gut oder Böse – entscheiden, wobei im Hintergrund die jeweiligen Religionslenker entschieden, was gerade jeweils gut und was böse war.

IRRTUM NICHT AUSGESCHLOSSEN

Taleb: Doch auch hier frage ich mich, warum der Mensch diesen Vorstellungen von Hölle und Himmel gestattet hat, so viel Einfluss auf ihn auszuüben. War es denn nicht für die meisten klar, dass das alles nur Fiktion ist und gar nicht existiert?

Sophia: Und wenn doch?

Taleb: Was meinst du damit?

Sophia: Na, wenn doch alles wahr ist und existiert; die Hölle, der Himmel, die Sünde, Gott, einfach alles.

Taleb: Was soll das jetzt heißen? Die ganze Zeit dreht sich unser Gespräch doch darum, dass all das eine Erfindung des menschlichen Geistes ist, eine einzige Illusion oder Halluzination. Worauf willst du jetzt plötzlich hinaus?

Sophia: Woher nimmst du die Gewissheit, dass unsere Ansicht stimmt? Mit welcher Berechtigung nimmst du an, dass du etwas, von dem die Menschheit seit Jahrtausenden überzeugt ist, mit einem Federstrich beiseitewischen kannst? Ist das nicht etwas überheblich und arrogant, wenn du behauptest, dass alles, wovon so viele Menschen überzeugt sind, nur Schall und Rauch ist?

Taleb: Was ist denn jetzt in dich gefahren? Das meinst du doch nicht so. Ich bin weder arrogant noch überheblich, aber es ist doch vollkommen klar, dass das Fundament, auf dem die Religionen stehen, Humbug ist. Du kannst doch daran jetzt nicht ernsthaft zweifeln.

Sophia: Warum ist es Humbug?

Taleb: Kein Gott wurde je von Angesicht zu Angesicht gesehen, es gibt keine Zeichnungen, keine Fotos, keine Tonbänder oder sonst etwas Brauchbares. Nur eben alte Geschichten, die vielleicht von Hirten am Lagerfeuer erfunden worden sind. Es gibt nicht den leisesten Beweis, dass auch nur irgendetwas von all den mythischen Legenden stattgefunden hat. Menschen reiten nicht auf Pferden in den Himmel, Menschen erstehen nicht von den Toten auf und ein Planet wird nicht in ein paar Tagen aus dem Nichts gestampft. Das sind doch ganz offensichtlich alles literarische Ergüsse von kreativen Geistern.

Sophia: Sicher? Wie soll sich denn ein Mensch, trotz seiner angesprochenen Beschränktheit, all diese Dinge ausgedacht haben? Es gibt so viele ganz präzise, ausführliche Beschreibungen von Menschen, die mit Geistern, Göttern und Dämonen zusammengetroffen sind, die mit diesen gesprochen oder die sie um das ein oder andere angefleht haben und sogar erhört worden sind. All das sind nur Hirngespinste?

Taleb: Mir wird ganz schwindelig. Aber ja, dessen bin ich mir sicher. All die Geschichten sind der menschlichen Kreativität entsprungen, sie sind mal heiter, mal traurig, mal stimulierend, aber eines sind sie nie: real. Sie sind nie real gewesen.

Sophia: Mir fällt da etwas ein. Die Menschen wünschten sich einst, ihr Gott möge es einrichten, dass die Sonne eine verlässliche Begleiterin sei, die Leben spendet und jeden Morgen auf- und jeden Abend wieder untergeht. Und deren Gott hat genau das eingerichtet. Wir können es seit Jahrtausenden jeden Tag aufs Neue erleben, und jeder wird dir bestätigen, dass die Sonne jeden Tag auf- und wieder untergeht. Ist das nicht Beweis genug, dass es zumindest irgendeinen Gott gibt, der die Dinge gut eingerichtet hat?

Taleb: Was soll die alberne Blödelei, Sophia? Du weißt doch ganz genau, wie die Erde rotiert und wie sie in ihren Bahnen um die Sonne kreist.

Sophia: Aber doch nur, weil Gott die Himmelskörper angeschubst hat. Das wissen doch schon kleine Kinder!

Taleb: So kommst du mir nicht bei. Wir wissen längst alle Bescheid über die Kraft der Gravitation und über die Entstehung von Galaxien und warum die Erde um die Sonne und der Mond um die Erde kreist. Das ist alles nichts, was übernatürlich ist oder wofür es einen Gott bräuchte.

Sophia: Ha, schon hab ich dich. Du sprichst von der Gravitation, die doch schließlich von Gott eingerichtet wurde. Sogar die Zeitungen haben in den letzten Jahren davon geschrieben, dass die Wissenschaftler im CERN nach dem Gottesteilchen suchen, das für die Masse verantwortlich ist. Du erinnerst dich doch sicher auch an die Fahndung nach diesem Higgs-Boson. Und als sie es gefunden hatten, konnte man Gottes Plan und den Zusammenhang zwischen Masse und Gravitation besser nachvollziehen, war es nicht so?

Taleb: Keineswegs. Wir wissen vieles noch nicht, was seit dem Urknall passiert ist, und etliche Prozesse bleiben uns gewiss auch noch eine ganze Weile verborgen. Aber das ist weder ein Grund, an dem erlangten Wissen zu zweifeln, noch ein Grund, an Stelle des noch zu erlangenden Wissens eine Gottesfigur einzusetzen.

Sophia: Aber sag, weil du gerade vom Urknall sprichst – vor dem Urknall, da war doch Gott, oder? Da konnte doch nichts anderes sein. Vor dem Anfang und nach dem Ende kann es nichts geben, was zu erklären wäre, und damit ist Gott Grund und Grenze von allem. Quod erat demonstrandum.

Taleb: Langsam wird es mir aber zu bunt mit dir. Welch lächerliche und abstruse Argumentation du da jetzt plötzlich aufnimmst, nur um mich zu ärgern, und das, obwohl wir uns doch einig sind. Der Fehlschluss liegt doch genau darin, aus einem Mangel an Wissen auf eine alles auflösende Instanz zu schließen, die sich genauso der Erkenntnis entzieht wie das ursprüngliche Problem, das der Erkenntnis verborgen geblieben ist, sei es aus Unachtsamkeit oder sei es, weil die Fähigkeiten desjenigen, der zu erkennen versucht, nicht ausreichen. Du kannst doch nicht einfach ein völlig willkürliches Modell einführen, für das es keine Belege gibt. Das ist wider jegliche wissenschaftliche Methode, für deren Studium und Anwendung wir schließlich Tag für Tag hierherkommen. Denk nur an die Entwicklung der Vier-Elemente-Lehre, nach der alles aus Luft, Erde, Wasser und Feuer zusammengesetzt ist und jegliche neue Verbindung auf einer Kombination von eben diesen Elementen beruht. Auch das war ein vom Menschen ersonnenes Modell, das ohne jede Bestätigung blieb. Erinnere dich auch daran, dass Laplace gegenüber Napoleon gesagt haben soll, dass er für seine Arbeiten in der Astronomie Gott als Hypothese nicht bedurft hätte.

Sophia: Und wie steht es mit dem ersten atomistischen Weltbild, das Leukipp und Demokrit vor rund zweieinhalbtausend Jahren entwickelt haben? Haben nicht diese beiden schon davon gesprochen, dass alles in der Welt aus kleinsten Bausteinen besteht, die sie als Atome bezeichneten? Auch diese Vorstellung blieb doch damals ohne jeglichen Beleg und war nur der Fantasie entsprungen. Erst tausende Jahre später, als sich Forscher wie Rutherford, Dalton, Bohr oder Heisenberg aufmachten, sich mit neuen wissenschaftlichen Methoden und Experimenten dieses Themas anzunehmen, konnten entsprechende Belege gefunden werden. So sind wir zu einem naturwissenschaftlich geprägten Modell gelangt, wie wir uns den Aufbau des Universums und der Materie vorstellen, in dem trotz aller Komplexität zumindest noch die Ideen von Leukipp und Demokrit ihren Nachhall finden. Und während wir heute vielleicht noch überzeugt sind, eine gewisse Ahnung davon zu haben, wie und aus was wir bestehen, klopfen neuartige Modelle wie die String-Theorie an die Tür, die schon morgen all unsere Gewissheiten über den Aufbau von Atomen wie ein Kartenhaus in sich zusammenfallen lassen könnten.

Taleb: Ich sehe schon, jetzt schnappt die Falle zu, die du mir gestellt hast, um mir meine Gewissheit zu nehmen. Zu lange haben die Menschen einzig auf das Modell der vier Elemente gesetzt, obwohl es ohne Belege nicht besser und nicht schlechter war als das atomistische Modell. Vielleicht nur durch Zufall haben sich die Menschen für eines entschieden. Aber als sie Belege hatten für das andere, durften sie sich gleichwohl nicht freuen, da schon das nächste Modell bereitstand, das drohte, das erst kürzlich belegte Modell wieder abzulösen. Es ist das altbekannte Wechselspiel zwischen dem Aufstellen einer These und der anschließenden Jagd nach Falsifikation, um in einem nächsten Schritt wieder zu neuen Thesen und Theorien zu gelangen, ganz so, wie Karl Popper es uns gelehrt hat. Niemals dürfen wir uns in unserem Streben nach Erkenntnis zurücklehnen und uns in vermeintlicher Verlässlichkeit sonnen. Es ist unsere Aufgabe als Forschende, oder geradezu unsere Bestimmung, nichts als gegeben hinzunehmen, sondern jede Erkenntnis zu attackieren und zu sezieren in der Hoffnung, einen Fehler zu finden, der uns Neues entdecken lässt.

Sophia: Und das, obwohl es uns Menschen so sehr nach Sicherheit verlangt. Wir wollen von allem, woran wir glauben, überzeugt sein. Aber du hast eben den entscheidenden Schritt getan und bist ins Wanken geraten. Wie oft hat die Philosophie versucht, Gott anhand von Beweisen in Stein zu meißeln. Man versuchte es mit Ontologie, mit Kosmologie, mit Teleologie und mehr, und scheiterte doch. Genauso scheiterte aber auch die Widerlegung der These, dass Gott existiert. Das müssen wir akzeptieren. So wie es den vorhin erwähnten griechischen Philosophen an Möglichkeiten mangelte, die Existenz oder Nichtexistenz von Atomen im empirischen Sinne zu beweisen, fehlen uns ganz offenbar die Möglichkeiten zur Falsifikation der Gottesvorstellung.

Taleb: Und was heißt das nun für unsere Haltung und für unsere Überzeugung?

Sophia: Das, was uns verbindet, also dass Begriffe wie „Gott", „Sünde" oder „Hölle" der menschlichen Fantasie entspringen, ist ja zunächst keine neue These. Feuerbach, Freud, Dawkins und viele mehr haben solche oder ähnlich klingende Thesen vertreten. Mit meinen Einwänden wollte ich auch nicht der Gegenposition das Feld räumen. Aber wir müssen stets fair bleiben und anerkennen, dass auch wir irren können. Sollte sich eines Tages, und sei es auch nur für den Bruchteil einer Sekunde, irgendeine Art von Gott zeigen, die sich nicht mehr als Realität gewordene Fantasie, sondern nur als externe Erscheinung erklären lässt, dann müssten wir im gleichen Augenblick all das, was wir bislang für die Wahrheit gehalten haben, bedingungslos fallen lassen.

GOTT IST NICHT DENKBAR, ABER EINE SICHERE WETTE

Taleb: Aber wie soll so etwas überhaupt möglich sein? Wie könnten wir eine göttliche Erscheinung als solche überhaupt identifizieren? Was müsste geschehen, welche Erfahrung müssten wir machen, um Gott auch als Gott wahrzunehmen?

Sophia: Eine sehr gute Frage, auf die ich keine Antwort weiß. Wir dürfen heute, soweit ich das überblicken kann, davon ausgehen, dass es bislang für uns nur Erfahrungen und Erscheinungen gab, die wir auch anders als mit Gott erklären konnten. Zudem ist völlig unklar, wie eine Erscheinung ihrem Wesen nach überhaupt beschaffen sein müsste, dass sie nicht anders als mit Gott zu erklären wäre. Hier stößt der menschliche Geist wieder an die Grenzen seiner Fantasie, weil wir uns nicht über das hinausbewegen können, was unser Geist für möglich hält. Ich lehne mich mal weit aus dem Fenster und wage eine These, die mir dazu in den Sinn kommt: Alles, was denkbar ist, ist nicht Gott.

Taleb: Puh, „Alles, was denkbar ist, ist nicht Gott." Klingt spannend. Das könnte der Titel für dein erstes Buch oder deine Promotion sein.

Sophia: Na, wart erst mal ab. Das kam mir eben nur in den Sinn geschossen. Ich werde mich erst einmal näher mit diesem Gedanken befassen müssen, auf den du mich ja gerade erst gebracht hast. Vielleicht ist er auch Blödsinn. Aber für mich schimmert da durch, warum wir und viele andere die Idee, dass Gott nur in uns entsteht und nur durch uns lebendig wird, für plausibler halten als die Idee, dass er eine wie auch immer geartete externe Entität darstellt. Wobei wir nicht vergessen dürfen, dass es dazwischen ja auch eine Vielzahl von Ausprägungen gibt. Deisten, Pantheisten, Monotheisten, Polytheisten – sie alle haben ihre eigenen Modelle und Vorstellungen, die wir zumindest respektieren und sogar als gleichwertig anerkennen müssen, solange wir keine andere Erkenntnisgrundlage als heute haben.

Taleb: Ist es nicht ein wenig zu relativistisch gedacht, eine Gleichwertigkeit der Systeme anzunehmen? Denn ein der wissenschaftlichen Methode verpflichteter Forscher unterscheidet sich doch wohl von dem gläubigen Geist, der eine wirkliche Angst vor der Hölle durchlebt.

Sophia: Nein und nochmals nein. Du kommst schon wieder ab auf den Pfad der Überheblichkeit. Der Gläubige und der Forscher haben gewiss ganz unterschiedliche Herangehensweisen und Ansatzpunkte. Der Gläubige muss nichts beweisen, für ihn ist das Weltbild etwas Vorgegebenes, wohingegen der Forscher unablässig Weltbilder nebeneinanderstellt und vergleicht. Doch die Unterschiedlichkeit der Methode besagt noch nichts über die Qualität des Weltbildes oder dessen Wahrheitsgehalt.

Taleb: Also könntest du ja ebenso gut zur gläubigen Jüdin werden, wenn das alles so beliebig ist.

Sophia: Versuch jetzt nicht, mir die Worte im Mund zu verdrehen, Taleb. Ich weise mit meinen Einwänden lediglich darauf hin, dass es, objektiv betrachtet, eine gewisse Möglichkeit gibt, dass wir uns irren und die, die glauben, richtig liegen. Da ich von keinen letzten Gewissheiten ausgehe, stehen wir quasi in einer Art Wettbewerb um die Weltanschauung. Ich persönlich hingegen kann sehr wohl eine klare und deutliche Überzeugung haben, die aber immer genauso viel Zweifel zulassen muss, dass ich mich Andersdenkenden gegenüber als Mensch nicht überlegen fühle. Man muss sich stets vor Augen führen, dass es sich bei Auseinandersetzungen dieser Art lediglich um einen singulären Aspekt dreht, der bei aller Überzeugung nicht dazu führen darf, den anderen Menschen an sich abzulehnen. Das ändert aber nicht das Geringste daran, dass ich, Sophia, meine subjektive Überzeugung vertrete, dass Gott, Sünde, Hölle und all das nur Erfindungen des Menschen sind. Es ändert auch nichts daran, dass ich basierend auf den mir bekannten Informationen zu dem Schluss gelange, dass Glauben und Religion zunächst getrennt voneinander betrachtet werden müssen, so wie wir das bisher getan haben, und dass ich in einem zweiten Schritt der Meinung bin, dass das Religionssystem stark darauf ausgerichtet ist, dass eine herrschende Elite eine breite Masse nach ihren Vorstellungen formt und lenkt. Womit wir übrigens auch wieder zu der Frage zurückkehren, von der wir ausgegangen sind – bezüglich Hölle und Himmel.

Plötzlich sind im Hintergrund Sirenen zu hören. Polizeifahrzeuge schießen heran, gerade noch in Sichtweite von Sophia und Taleb, die sich umdrehen, um das Geschehen zu beobachten. Aus den Autos springen Polizisten und scheinen etwas oder jemanden zu umringen. Schaulustige werden aufgefordert, zur Seite zu weichen, kehren aber schnell wieder zurück und versperren die Sicht.

Sophia: Schau mal, ich glaube, die nehmen gerade jemanden fest.

Taleb: War ja zu erwarten. Die nehmen heute sicher viele fest und lassen sie dann bald wieder laufen. Vermutlich purer Aktionismus, um öffentlich Handlungsfähigkeit zu demonstrieren und ein Gefühl von Sicherheit zu schaffen.

Sophia: Warum so negativ? Kann doch sein, dass sie tatsächlich einen oder mehrere erwischen, die was damit zu tun haben. Ist ja schließlich ihr Job.

Taleb: Ja, das ist schon möglich, wünschenswert wäre es natürlich. Aber ich bin skeptisch. Erinnerst du dich an letztes Mal? Als sie meinen ehemaligen Mitbewohner Halim verhaftet haben? Der war einfach zur falschen Zeit am falschen Ort. Man hat ihn einkassiert, nur weil er sich fünf Minuten, bevor es passiert ist, auch in dem Einkaufszentrum aufgehalten hat und auf einer Videokamera als arabisch aussehender junger Mann identifiziert wurde. Keinen hat es interessiert, dass er einfach einer von denen war, die Glück hatten, nicht selbst zerfetzt worden zu sein. Als ob diese Erfahrung nicht schon schlimm genug gewesen wäre, wurde er dann ausgerechnet zwei Tage vor seiner letzten Examensprüfung festgenommen.

Sophia: Ja, ich erinnere mich. Das war wirklich furchtbar. Eine Freundin von mir, die im Dekanat aushilft, hat die Gespräche mitbekommen, nachdem Halims Eltern dort angerufen hatten, um zu klären, wie es weitergeht. Überall wurde getuschelt und gerätselt, was an der Sache dran sei. Halim war völlig fertig. Ich hab damals nur noch einmal kurz mit ihm gesprochen. Er wollte bloß noch raus aus der Stadt.

Taleb: Was man ja verstehen kann. Alle schreien nach so einem Anschlag nach noch mehr Überwachung, nach mehr Videokameras und was weiß ich nicht alles. Und sie wollen sehen, wie Schuldige, Täter und Komplizen schnell gefasst werden. Aber niemand denkt darüber nach, was aus denen wird, die fälschlicherweise verdächtigt werden. Deren Bild, deren Geschichte ist dann in der Welt, und das werden sie nicht mehr los. Den ganzen Tag laufen sie herum und müssen anderen versichern, dass sie überhaupt nichts mit der Sache zu tun hatten.

Sophia: Und dann blickt man in all die Gesichter, in denen man erkennt, dass die Leute einem nicht so ganz glauben. Nach dem Motto, wenn die Polizei ihn verhaftet hat, dann wird das ja auch einen Grund gehabt haben. Die durchleben dann ihre ganz eigene Hölle im Diesseits. Hoffen wir, dass es dahinten eben den oder die Richtigen getroffen hat.

Taleb: Stimmt, aber jetzt sind wir völlig abgeschweift. Ich wollte ja eigentlich wissen, warum es überhaupt möglich ist, dass Hölle und Himmel solch einen gewaltigen Einfluss ausüben können.

Sophia: Und bevor ich darauf eine Antwort gebe, wollte ich mit allem, was wir vorhin besprochen haben, nur verdeutlichen, dass wir den Gläubigen, der vor dem Priester auf der Bank kniet, nicht vorschnell als dummen Esel abtun sollten, der jeden Mist glaubt, den man ihm vorsetzt. Für uns mag das Vorhandensein von Hölle und Himmel völlig unwahrscheinlich und geradezu absurd erscheinen, aber trotzdem müssen wir den Raum für die Idee lassen, da wir ja, wie gesagt, keinen schlüssigen Gegenbeweis liefern können. Beim gläubigen Menschen sehe ich dagegen vor allem zwei Versionen: Es gibt die, die das ganze System voll und ganz für sich angenommen haben. Dann werden alle Geschichten real, auch die von Hölle und Himmel, und damit ist der große Einfluss gegeben. Dann gibt es aber auch solche – und ich vermute, dass es sich sogar um eine große Mehrheit handelt –, die ähnlich wie wir Zweifel in sich tragen und sich fragen, ob das denn alles so sein kann, wie sie es erzählt bekommen. Diese Menschen sind uns in diesem Moment ganz nah und wir möchten die Hand ausstrecken, um sie auf unsere Seite zu ziehen, weil wir der Meinung sind, sie vom Aberglauben befreien zu können – ohne zu wissen, ob sie überhaupt befreit werden wollen. Um solche Zweifel wissen aber auch die Religionslenker, die ihrerseits genau diese Zweifel geschickt einzusetzen wissen, um ein Abfallen vom Glauben zu verhindern. Und das gelingt ihnen mittels einer einzigen Botschaft, die da lautet: Und was, wenn doch …?

Taleb: Ich verstehe, was du meinst. Innerlich wird so eine Art Kosten-Nutzen-Rechnung aufgemacht. Manch einer wird sich im ersten Schritt sagen, dass er mit dem Ganzen nichts mehr am Hut haben will, und er ist drauf und dran, alles hinter sich zu lassen – mal unabhängig von der Frage, ob er das auch nach außen hin kundtun würde. Dann aber antwortet das System: Ich verstehe deine Zweifel, und ja, es ist möglich, dass all das gar nicht existiert – aber was, wenn doch? Der Mensch steht also vor der Entscheidung, sich aus dem System zu verabschieden oder sicherheitshalber die minimale Wahrscheinlichkeit der Existenz von Hölle und Himmel zu berücksichtigen, und sei sie noch so klein.

Sophia: Genau. In der Philosophie wurde das von Blaise Pascal weitergedacht und ging als pascalsche Wette in die Geschichte ein. Er versuchte interessanterweise mit den Mitteln der Logik und der Statistik zu zeigen, dass es für den Menschen lohnender sei, an Gott zu glauben, als es nicht zu tun. Vereinfacht gesagt lautet das Argument: Wenn Gott nicht existiert, ist es unterm Strich gleichgültig, ob ich an ihn glaube oder nicht, weil ich dann weder Belohnung noch Bestrafung zu erwarten habe. Existiert er aber doch, so könnte ich ja mein ewiges Glück, sofern ich mich als rechtschaffener, gläubiger Mensch erweise, im Himmel finden, oder, im anderen Fall, falls ich ungehorsam und sündig bin, den Weg in die Hölle antreten, also verlieren. Es gibt folglich nur eine Option, in der ich als strahlender Gewinner hervorgehe. Hier kommt allerdings noch eine weitere, dem Menschen immanente Komponente ins Spiel, und zwar das der Risikovermeidung. Wir neigen dazu, enorme Kosten zu tragen, wenn es dadurch gelingt, ein Risiko auf null zurückzuführen, während wir weit weniger Kosten zu tragen bereit sind, um aus einem höheren Risiko ein niedrigeres zu machen, was bekannt ist als der Zero-Risk Bias. Evolutionär ist es völlig nachvollziehbar, dass der Mensch sich erst dann wohlfühlt, wenn er ein Risiko komplett ausgeschlossen hat, zumal ihn statistische Annahmen bei Risiken selten erreichen. Denk nur an den Beipackzettel bei Medikamenten: Ob hier eine gravierende Nebenwirkung bei einer von tausend oder einer von zehntausend Personen auftritt, ist uns ziemlich egal, da es sich um eine für uns als Mensch zu abstrakte Angabe handelt.

Egal wie unwahrscheinlich die geschilderte Nebenwirkung auch ist, zurück bleibt ein flaues Gefühl und wir müssen uns zur Einnahme überwinden.

Taleb: Verstehe. Da die Hölle ein nicht vollständig auszuschließendes Restrisiko darstellt, ist der Mensch dazu bereit, enorme Kosten auf sich zu nehmen, um der Hölle zu entgehen und vielleicht doch den Jackpot zu knacken. Schließlich spielen wir ja auch Lotto entgegen jeder Vernunft, da wir die eingesetzten Kosten mit überwältigender Wahrscheinlichkeit niemals zurückerhalten werden. Aber allein der Gedanke an gewaltigen Reichtum lässt uns völlig irrational handeln. Und so verhält es sich mit den Gläubigen oder vielmehr mit denen, die am Rand der Gläubigkeit stehen. Da sie nicht komplett ausschließen können, dass ihnen nach ihrem Tod entweder unendliches Leid oder unendliches Glück widerfahren wird, nehmen sie zu Lebzeiten enorme Mühen und Kosten in Kauf, um am Ende dann vielleicht doch profitieren zu können. Materielle Entbehrungen, die Unterwerfung unter ein striktes Regelsystem, allerlei Arten von Verzicht, Selbstverachtung und sogar den Tod nehmen sie auf sich, um wiederum nach dem Tod belohnt zu werden.

OHNE SÜNDE KEINE SÜHNE

Sophia: So ist es. Mit dem maximalen Angstszenario Hölle, bei dem der gemeine Mensch sich nicht abschließend sicher ist, ob sie nicht womöglich doch existiert, wurde der Weg zur Erlösung und zum ewigen Glück im Himmel geebnet. Nur wer gehorcht wie geheißen und sich unterwirft, hat eine Chance. Dabei definiert die jeweilige Religionsgemeinschaft, welche Regeln und Gesetze wie zu befolgen sind. Zusätzlich hat man dann noch weitere Elemente eingeführt, und zwar die von Sühne und Buße. Sie sind nötig geworden, um dem Menschen die Illusion einer echten Option zu verschaffen. Da man ihm ja mit viel Mühe eingetrichtert hat, dass es sich beim Menschen um ein Wesen handelt, das irgendwie immer sündig ist, wäre sein Weg in die Hölle ja eigentlich vorbestimmt und es gäbe kein Entrinnen, selbst wenn der Mensch alle Regeln und Gesetze befolgen wollte. Denn der Mensch kann der Lehre nach ja gar nicht anders als schlecht handeln.

Taleb: Damit wäre man dann aber in eine Sackgasse geraten. Die Menschen wären nicht in Scharen in die Gotteshäuser gegangen, wenn man ihnen dort nur gepredigt hätte, dass ohnehin alles vergeblich und die Hölle alternativlos ist.

Sophia: Eben. So gab man den Menschen gnädigerweise die Möglichkeit, durch bestimmte Praktiken von Sühne und Buße, die je nach Religionsgemeinschaft unterschiedlich sind, Vergebung für das sündige Menschsein zu erreichen. Bedeutend dafür war und ist ein hohes Maß an Reue. Wer aufrichtig bereut, dass er sich von Gott abgewendet hat, dem kommt man sozusagen entgegen und bietet ihm doch noch ein Ticket für den Himmelseintritt. Den Ticketverkauf übernahmen natürlich die Religionslenker, die dann und wann auch ganz ordentlich selbst von diesem Geschäft profitiert haben – im weltlichen Sinne.

Taleb: Wenn man das alles so zusammenhängend erörtert, wird einem klar, wie schwer es eigentlich ist, sich von diesen dicht miteinander verwobenen Ideen und Vorstellungen zu lösen.

Sophia: Oh ja, allerdings. In unseren Breiten verdanken wir es der Aufklärung als schärfster Widersacherin des Religionssystems, dass wir zu uns als Menschen zurückfinden konnten und eine gedankliche Freiheit genießen dürfen, die es uns ermöglicht, uns mancher Fesseln zu entledigen, die Tradition, Konvention und Religion uns angelegt haben. Unser alter Freund Kant hat uns das Übel der selbstverschuldeten Unmündigkeit ins Stammbuch geschrieben. Dabei ist es aber auch ein wahrlich schwieriges Unterfangen, ein wirklich selbstbestimmtes, freies und verantwortungsbewusstes Leben zu führen. In unserem diskutierten Fall muss es der Mensch zunächst schaffen, die ihm angedichtete Sünde abzustreifen. Außerdem muss er sich von der Angst vor einer Hölle befreien. Erst dann kann Gott wie unser unsichtbarer Freund aus Kindertagen verschwinden. Dann droht aber oftmals gleich neues Ungemach, da selbst in aufgeklärten Gesellschaften die alten konventionellen Kräfte noch sehr stark sind. Wer sich auf eben genannte Weise befreit, dem schlägt, je nachdem, wo und in welcher Gesellschaft er sich gerade befindet, noch immer Ablehnung entgegen, der muss Ausgrenzung sowie Verlust von

Arbeit und Einkommen fürchten und mancherorts muss er sogar damit rechnen, dass man ihm nach dem Leben trachtet.

Taleb: Aber warum nur fällt es manchen so schwer hinzunehmen, dass es ganz unterschiedliche Weltanschauungen gibt und Menschen sich mal so und mal so entscheiden?

Sophia: Da gibt es eine aus unserer Sicht begrüßenswerte Entwicklung. Denn zumindest in Teilen Europas ist zu erwarten, dass schon in ein paar Jahren weniger als die Hälfte der Menschen überhaupt noch einer Religionsgemeinschaft angehören oder an einen Gott glauben wird. Und wer sich dann von dem System der Religion lossagt, gehört damit immerhin der Mehrheit der Gesellschaft an. Der Prozess der Ablösung wird dann folglich sehr viel leichter sein, als er es noch vor wenigen Jahren war. Allerdings dürfen wir auch nicht vergessen, dass sich Gläubige und Ungläubige zu allen Zeiten besonders unversöhnlich gegenübergestanden sind. Beide Gruppen sind gedanklich ja geradezu Lichtjahre voneinander entfernt. Die Gläubigen sehen in Ungläubigen in erster Linie Sünder, die, je nach gerade herrschender Haltung, geheilt oder bestraft werden müssen. Für den Gläubigen ist die Welt aus Gott, Sünde, Hölle, Buße und Himmel derart real, dass er völlig fassungslos auf den Ungläubigen starrt und nicht begreifen kann, was jenen bewegt. Genauso ergeht es aber umgekehrt dem Ungläubigen. Er kann sich nicht vorstellen, was im Kopf eines Gläubigen vor sich gehen muss, damit dieser die Figuren und Handlungen in den religiösen Geschichten als Leitbild in sein Leben integriert- und sei es nur in Form von Metaphern und Parabeln. Da müssen auch wir beide ehrlich zu uns sein. Ich werbe zwar durchaus für den Respekt vor gläubigen Menschen und ich habe schließlich auch argumentiert, dass eine, obschon verschwindend geringe, Wahrscheinlichkeit besteht, dass diese am Ende sogar recht behalten. Aber hineinversetzen in deren Gedankengebäude können wir uns nicht. Menschen erscheinen uns irgendwie seltsam, ja fast schon suspekt, wenn wir erkennen, dass sie das mit Gott und Religion für bare Münze nehmen. Als man dich schräg in der U-Bahn angeschaut und in dir den nächsten Selbstmordattentäter erblickt hat, hast du das in gewisser Weise zu spüren bekommen. Man begegnet dir, man steckt dich in die Schublade „Islam" und schlussfolgert: „potenzieller Gefährder". Womit wir übrigens wieder bei dem „Und-wenn-doch"-Phänomen angelangt sind. Die meisten sehen dich, der Gedanke kommt auf, wird kurz darauf verworfen, weil man sich sagt, dass das schließlich sehr unwahrscheinlich ist, und dann krabbelt doch wieder dieser unangenehme Zweifel hoch, dass du ja vielleicht trotzdem …

DAS RUDEL IN UNSEREM KOPF

Taleb: Und was kann ich dagegen tun? Soll ich mir ein Schild um den Hals hängen mit der Aufschrift „Ich bin Atheist und kein Märtyrer"?

Sophia: Wenn du mit diesem Schild an den Falschen gerätst, ist es leider schnell um dich geschehen. Die Zugehörigkeit zu einer Gruppe ist ein wesentliches Merkmal menschlicher Gemeinschaften. Sonderst du dich von einer Gruppe ab oder verlässt sie sogar, dann kann das schnell gefährlich werden, vor allem, wenn du keine Nachfolgegruppe hast, die dir Schutz gewährt. Das kennst du aus dem Tierreich. Ein Rudel zu verlassen, kann die letzte Entscheidung im Leben eines Tieres sein.

Taleb: Und du glaubst, auch wir Menschen denken in der Kategorie Rudel?

Sophia: Klar, wir nennen es nur anders. Zum Beispiel Peergroup, Verbund, Clique, Dorfgemeinschaft, Familie, und so fort. Auch das ist ein wesentliches evolutionäres Erbe des Menschen. Allein ist er den Gefahren der Wildnis schutzlos ausgeliefert. Schließt er sich einer Gruppe an, steigert er aufgrund von gegenseitiger Hilfe und Schutz nicht nur ungemein seine Überlebenschancen, sondern ist durch Kooperation und Kommunikation in der Lage, sein Leben erheblich zu verbessern. Der Mensch bildet sein ganzes Leben hindurch Netzwerke, schließt sich Gruppen an und verlässt sie manchmal auch wieder. Die Clique von Teenagern in der Schule, die Tutoriumsgruppe in der Uni, der Fußballverein, der Berufsverband, die Gewerkschaft, die Partei, die Nordic-Walking-Gruppe im Seniorenheim oder die Bibellesegruppe – der Großteil unseres Lebens spielt sich in Gemeinschaften ab. Gruppen vermitteln uns ein Gefühl der Geborgenheit und der Zugehörigkeit. Und alle diese Gruppen sind durch Kennzeichen geprägt. Sie können eine eigene Sprache haben oder uniformartige Kleidung, sie können gemeinsame Ziele verfolgen oder nach einem speziellen Kodex leben. All das zeichnet Gruppen aus.

Taleb: Und eine der Gruppen mit der größten Bindungskraft ist die Religionsgemeinschaft, der wir quasi durch Geburt, völlig willkürlich wie auch zu Nation, Volk oder Muttersprache, zugeordnet werden. Bei mir meint man deshalb allein anhand äußerlicher Kriterien gleich alles zu wissen, von der Herkunft über die Sprache und die Religion bis hin zu der Gesinnung.

Sophia: Ja, denn in den Köpfen vieler ist die mehr oder minder treffsichere Zuordnung eines Menschen allein aufgrund seiner Herkunft leider noch fest verankert. Auch hier haben die Religionsgemeinschaften natürlich ihre Finger im Spiel. Sie haben das Gruppenverhalten und die Gruppenaffinität des Menschen geschickt zu nutzen gewusst, um ihrem System ungeheure Stabilität zu verleihen. Wie du richtig sagst, erfolgt die Zuordnung bereits per Geburt. Noch bevor ein Mensch ein bewusstes Ich, geschweige denn eine reife Identität entwickeln kann, bekommt er den Stempel seiner Religionsgemeinschaft in zum Teil archaischen Ritualen und Festen aufgedrückt, ohne sich dagegen wehren zu können. Für mich persönlich stellt schon die Taufe einen geradezu unverzeihlichen Akt gegen das grundlegende Menschenrecht der Selbstbestimmung dar. Wenn ich aber daran denke, dass sogar in vermeintlich aufgeklärten Gesellschaften der Ritus der Beschneidung, der nichts anderes als eine gefährliche Körperverletzung ist, geduldet wird, um einen Menschen lebenslang sichtbar einer Herde zuzuweisen, dann packt mich regelrecht die Wut.

Taleb: Ja, man kann sich fragen, wie Eltern ihren Kindern so etwas antun können, obwohl sie sie doch eigentlich schützen und vor Schaden bewahren sollten. Und ich habe leider am eigenen Leib erfahren müssen, was dieser Ritus bedeutet und mit welchen Folgen man auch später noch zu kämpfen hat. Niemand sollte das als harmlos abtun.

Sophia: Auch hier hat das Religionssystem ganze Arbeit geleistet, indem es eine grandiose Umdeutung vornahm. Denn man suggeriert ja den Eltern, dass sie ihrem Kind etwas Gutes täten. Durch die Rituale kurz nach der Geburt wird das Kind ja angeblich in die schützende Obhut der Gemeinschaft und des jeweiligen Gottes gegeben. Wer an Hölle, Sünde und Gott glaubt, für den ist natürlich auch dieser Gedanke sehr einleuchtend. Und wenn du die verschiedenen Kulturen betrachtest, setzt sich das dann oft damit fort, dass es rund um das Alter und das Erlangen der Geschlechtsreife zu weiteren Ritualen und Festen kommt, um den jungen Menschen, bevor er in eine Phase des kritischen Denkens eintritt, noch fester an die jeweilige Religionsgemeinschaft zu binden. Viel zu selten bekommen junge Menschen die Chance, unvoreingenommen und kritisch das Wesen der Religion zu prüfen und die Praktiken der jeweiligen Religionsgemeinschaft zu hinterfragen, um dann, nach Abwägung aller Erkenntnisse, selbst zu entscheiden, ob sie sich auf diesen Pfad begeben oder einen anderen Weg wählen wollen. Wenn du mich fragst, dann würde ich die Freiheit eines jeden Menschen, sich für oder gegen eine Religionszugehörigkeit zu entscheiden, als fundamentales Menschenrecht betrachten.

Taleb: Und damit sich nicht doch noch einer aus dem Staub macht, wenn seine geistigen Fähigkeiten voll entwickelt sind, hat man all die Bräuche, Sitten und Rituale eingeführt, die den Menschen auf Schritt und Tritt im täglichen Leben verfolgen. Sie sollen Gottesdienste besuchen, beten, Feiertage begehen, Momente der Andacht einlegen, und außer bei der Geburt stehen die Religionslenker ja auch bei den anderen bedeutsamen Lebensereignissen Gewehr bei Fuß; sei es bei der Hochzeit oder dann, wenn es ans Sterben geht. Sie weichen uns quasi nie von der Seite.

Sophia: Ja, man brauchte eine wirkungsvolle Inszenierung und Einflussnahme in alle Lebensbereiche, um die Macht der eigenen Organisation zu gewährleisten. Wir sollten dabei nicht außer Acht lassen, dass es bei den Religionsgemeinschaften schließlich auch um enorme Reichtümer und politische Wirkungskraft geht. Auch hier gilt, wie in vielen anderen Bereichen, dass der Einfluss mit zunehmender Gruppengröße und Besitztümern wächst. Vergiss auch nicht, dass sogar hierzulande der angehäufte Reichtum der Religionsgemeinschaften so groß ist, dass sich dagegen selbst große internationale Konzerne wie Waisenknaben ausnehmen. Und wer viel hat, der kann nun mal auch viel verlieren, weshalb die Religionslenker immer darauf geachtet haben, Reichtum und

Einfluss nicht nur zu behalten, sondern auch zu vermehren, wofür ihnen jedes Mittel recht war.

RELIGION, EVOLUTION UND DER KRIEG

Taleb: Liegt hier aus deiner Sicht auch der Grund für die seit Jahrtausenden tobenden Auseinandersetzungen zwischen diversen Religionsgemeinschaften und deren Anhängern?

Sophia: Das ist ein schwieriges Feld, dem man sich behutsam nähern muss, um keine vorschnellen Urteile zu fällen. Wir würden es uns zu leicht machen, wenn wir die Verantwortung für Krieg, Gewalt und Zerstörung einfach den Religionen zuschieben wollten, nur weil es unzählige Konflikte gab und gibt, die uns bis heute beschäftigen. Denn wie bereits bei der Entstehungsgeschichte von Gott und Religion liegen auch bei Gewalt und Hass die Ursachen primär in der menschlichen Natur begründet. Im Menschen läuft seit Anbeginn das gleiche Evolutionsprogramm ab wie auch bei Tieren und Pflanzen. Alle waren und sind einem erbarmungslosen Wettkampf um Ressourcen ausgeliefert, bei dem es schlicht und ergreifend immer um Leben und Tod ging. Wer in dem Wettkampf bestehen konnte, durfte leben und erhielt die Chance, sich fortzupflanzen und seine Eigenschaften an die eigene Nachkommenschaft weiterzugeben. Wer hingegen in dem Wettkampf verlor, ging sang- und klanglos unter und wurde dem Nichts überantwortet. Schon einfache Pflanzen mussten sich im evolutionären Prozess durchsetzen und um jeden Lichtstrahl und jeden Nährstoff kämpfen. Auch im Tierreich herrscht bekanntermaßen ein unaufhörlicher Kampf innerhalb und außerhalb von Gattungen um Futterstellen, um Beute, um Jagdgebiete, um Sexualpartner oder um Hierarchien. Beginnend mit den Forschungen von Darwin haben wir diese Maschinerie der Evolution immer weiter erkundet, die nur auf den ersten Blick kalt und unbarmherzig erscheint, der aber gleichsam eine bezaubernde Ästhetik innewohnt. Durch den millionen- und milliardenfachen Kreislauf von Leben und Tod, der täglich in jeder Sekunde stattfindet, und durch die beständige Selektion in einem niemals endenden Prozess aus Trial-and-Error hat die Evolution eine unermessliche Vielfalt an Lebensformen geschaffen, die wiederum mit einer riesigen Vielzahl an Eigenschaften ausgestattet sind, um im Kampf um die begrenzten Güter Nahrung und Raum mithalten zu können. In faszinierender Weise können Lebewesen, nur durch Versuch und Irrtum, sich neue Nischen in Ökosystemen erobern, neue Fähigkeiten erwerben und sich immer wieder den sich ändernden Parametern ihrer Umgebung anpassen.

Taleb: Das klingt alles so düster, wenn du von einem immerwährenden Kampf sprichst. Ist es denn nicht gerade dem Menschen gelungen, diesen Prozess zu durchbrechen? Ist nicht gerade der Mensch dazu fähig, liebevoll, gütig und hilfsbereit zu agieren und sich so dem Kampf zu entziehen? Hat er es nicht geschafft, durch Kommunikation, durch Kreativität, durch Kunst und Kultur Großartiges zu vollbringen? Ein Wesen, welches in seinen Laboren sitzt und mit der Quantenteleportation experimentiert oder welches sich ernsthaft anschickt, dem Planeten Mars persönlich einen Besuch abzustatten, kann man doch nicht mit einem Farn vergleichen, für den es im evolutionären Würfelspiel darum geht, wessen Blätter gerade größer sind und andere überdecken, oder?

Sophia: Und da ist sie wieder, die für uns Menschen so typische Überheblichkeit. Seit Jahrhunderten feiern wir uns als die Krone einer imaginären Schöpfung – im biblischen Sinn. Literatur, Philosophie und Kunst strotzen nur so davor, dass der Mensch sich über andere Wesen erhebt, um eine Vormachtstellung auf dem Planeten für sich zu reklamieren. Ich würde gerne in die verdutzten Gesichter blicken, wenn sich tatsächlich ein paar Außerirdische zeigen und der Erde ihre Aufwartung machen würden. Dann wäre es vielleicht vorbei mit dem Gedanken, dass man einer ganz besonderen oder gar einzigartigen Spezies angehöre. Das wäre die wohl dramatischste Umwälzung im Selbstverständnis des Menschen seit Darwin und Freud.

Taleb: Aber du kannst doch auch nicht leugnen, dass Kühe sich mit dem Verständnis der Quantenmechanik schwertun …

Sophia: Das tun die Menschen auch und haben bis heute noch nicht so recht begriffen, womit sie da hantieren. Insofern ein nicht ganz passendes Beispiel, aber ich weiß ja, was du meinst. Gewiss hat der Mensch durch seine außergewöhnliche Entwicklung des Gehirns im Laufe seiner Geschichte enorme kognitive, kreative und kommunikative Fähigkeiten erlangt, die ihn zu all den außergewöhnlichen Errungenschaften gebracht haben, die du gerade angedeutet hast. Dennoch bleibt der Mensch auch nur ein Teil der Natur und steht nicht außerhalb derselben. Die von ihm entwickelten Techniken führten zwar zu einem veränderten Umgang mit der Natur und im Vergleich zu Tieren auch zu einem ganz anderen Verhalten innerhalb der Natur. Das sondert ihn aber noch lange nicht in Gänze von der Natur ab und verschafft ihm keine Position außerhalb derselben.

Taleb: Der Mensch muss jedoch meist gar nicht mehr so kämpfen, wie du es geschildert hast. In unserer Gesellschaft müssen wir uns doch nicht jeden Tag unser eigenes Überleben sichern oder uns in Wettkämpfen beweisen.

Sophia: Bist du dir da wirklich sicher? Du solltest nie nur von dir ausgehen, sondern deinen Blick ein wenig schweifen lassen. Denn auf diesem Planeten leben viele bei weitem noch nicht unter denselben Bedingungen wie wir. Wir beide wurden, wenn auch nur durch bloßen Zufall, in eine moderne und komplexe Gesellschaft geboren, die uns die Illusion vorgaukelt, von den Zwängen der Evolution befreit zu sein. Das Wasser kommt aus dem Hahn, das Essen aus dem Supermarkt, wir sind gut vor Wetter und Wildnis geschützt und unsere Kultur hat ein Sozialsystem hervorgebracht, in der grundlegende Medizin, Pflege und weitere elementare Bedürfnisse niemandem mehr vorenthalten werden. Ja, wir können uns glücklich schätzen, dass wir eine kleine Oase geschaffen haben, die nicht nur unsere Vorfahren nicht erleben durften, sondern um die uns auch viele Zeitgenossen in anderen Teilen der Welt beneiden. Zu den wichtigsten Errungenschaften gehört für mich, dass es uns gelungen ist, Menschen in unserer Mitte zu integrieren, die körperlich oder geistig nicht über die gleichen Mittel verfügen wie andere Mitglieder der Gesellschaft. Was im Urwald oder in der Wüste früher noch ein sicheres Todesurteil gewesen wäre, schränkt heute den Menschen nur noch vergleichsweise wenig in seiner Lebensqualität ein. Empathie, Mitgefühl und Hilfsbereitschaft haben es vermocht, eine Gesellschaft aufzubauen, in der der Schwache nicht automatisch zum Opfer wird. Insofern haben wir, basierend auf diesen Eigenschaften, sogar einen wesentlichen Selektionsmechanismus ausgehebelt, was ebenfalls ein Ergebnis der Evolution ist und ihr somit auch nicht widerspricht.

Taleb: Mir kommt da ein Gedankenexperiment in den Sinn. Was wäre, wenn man uns beide, die wir von ganz durchschnittlicher Konstitution sind, mit einem Paar, das nur ein klein wenig schwächer und ängstlicher ist als wir, auf einer winzigen, einsamen Insel aussetzte? Wir wären die typischen Gestrandeten mit nur wenig Proviant und stellten fest, dass die Insel im günstigsten Fall überhaupt nur für zwei Menschen genügend Nahrung und Wasser hergibt, um gerade so am Leben zu bleiben. Wie würde das deiner Meinung nach ablaufen?

Sophia: Dieses Szenario wurde ja schon oft in der Literatur und auch in Hollywood durchgespielt. So zivilisiert und mitfühlend wir uns im Hier und Jetzt auch fühlen, so schnell ändern sich die Dinge wieder. Versetzt man uns in unseren alten Naturzustand, dann greifen die gleichen Mechanismen wie eh und je. Wir würden bei vier Personen, die als zwei Paare auftauchen, zunächst den Weg der Kooperation suchen. Wir würden versuchen, eine erfolgreiche, starke Gruppe mit klar verteilten Aufgaben zu bilden, die durch den gezielten Einsatz von Wissen, Fähigkeiten und Erfahrungen probiert, sich aus der Notlage zu befreien. Wir würden Ideen austauschen und gemeinsam nach Auswegen suchen. Wir würden, ganz wie wir es gewohnt sind und gelernt haben, unsere mutmaßlich besten Eigenschaften nutzen, um die Situation zu meistern. Doch wenn irgendwann die Erkenntnis reifen würde, dass trotz aller Anstrengung an diesem Ort nur zwei Personen werden überleben können, dann würde eine andere Strategie einsetzen. Sie beginnt mit Abgrenzung und Misstrauen. Die beiden ursprünglichen Paare würden sich aufgrund der gegenseitigen Vertrautheit zunächst wieder zusammentun und sich auf sich selbst berufen. Die Angst vor dem eigenen Tod würde uns bald zu gedanklichen Rechtfertigungen kommen lassen, warum man mit den anderen nicht mehr kooperiert, sondern ihren Ansichten, Haltungen und Fähigkeiten misstraut und sie schließlich als Feinde betrachtet. Man würde vielleicht eine Schuld an den Geschehnissen als Vorwand konstruieren, um zwangsläufig auftretende Aggressionen und Drohgebärden zu legitimieren. Unter Umständen würde bei jedem Einzelnen der Gedanke aufkommen, ein möglichst starkes Paar bilden zu wollen und damit auch einen Wechsel des Partners in Kauf zu nehmen, um besser gewappnet zu sein. Wir können es getrost Hollywood überlassen, das alles noch ein wenig auszuschmücken, aber am Ende werden es nur noch zwei sein, ganz gleich, mit welchen Mitteln der Kampf geführt wird.

Taleb: Wir fallen also zwangsläufig immer in die gleichen Muster zurück?

Sophia: Genau genommen ist es nicht einmal ein Zurückfallen. Die Grundprinzipien sind immer dieselben. Die Menschheitsgeschichte ist gespickt mit Beispielen. Da ist zunächst, wie bei vielen Spezies in der Natur, der Wunsch, den Lebensraum zu erweitern und neue Territorien zu erobern, um zur eigenen Absicherung auf eine vermeintlich größere Menge an Ressourcen zurückgreifen zu können und nicht zuletzt die Stellung der eigenen Gruppe zu verbessern. Gelang es zum Beispiel, ausreichend Nahrungsmittelvorräte anzulegen, standen diese demnach nicht mehr im Zentrum allen Handelns und so konnte man sich um die Anhäufung von Reichtümern kümmern, wobei Gold dafür ein Paradebeispiel ist, weil es sich dabei wiederum um eine wenig verfügbare Ressource handelte. Der Mensch maß diesem Metall einen großen Wert bei, weil es in seinem Verhalten angelegt ist, begrenzte Ressourcen besonders wertzuschätzen. Wäre Gold so verbreitet wie Sand gewesen, hätte es den Menschen nicht weiter interessiert, oder zumindest nicht in dem uns bekannten Maße. Darüber hinaus war der Mensch, wie wir es auch vielfach im Tierreich beobachten können, auf die Stärkung und den Einfluss der eigenen Person innerhalb einer Gruppe aus, um so für sich selbst über mehr Macht und Ressourcen zu verfügen. Der Mensch war stets daran interessiert, über andere zu herrschen. Reichtum und Einfluss waren dabei, genau wie heute, wesentliche Basis für noch mehr Reichtum und noch mehr Macht. Wie bei den Bienen oder den Ameisen gab und gibt es stets wenige Herrscher, nur einige Privilegierte, aber umso mehr Untergebene. Zusammenfassend waren die Vergrößerung des eigenen Territoriums, die Anhäufung von Ressourcen und die Erlangung von Ansehen und Macht innerhalb der eigenen Gruppe die Ziele, die den Menschen angetrieben haben. Genau genommen liegt darin nichts an sich Schlechtes oder an sich Gutes, denn es ist schlicht der Prozess der Evolution, in dessen Bahnen wir uns bewegen und aus dem wir auch gar nicht aussteigen können. Wir sind Ergebnis und Teil des Prozesses wie jeder Gerstenhalm, jedes Virus und jeder Gorilla.

Taleb: Die Wünsche nach dem coolsten Outfit, dem neuesten Smartphone oder dem modernsten Auto sind demnach ein Echo dieses Programms, wenn auch in harmloser Form.

Sophia: Was auf den ersten Blick harmlos erscheint, kann sich schnell zum Problem ausweiten. Jungs, die in einer Klasse darum raufen, wer der Leithammel ist, oder Spieler, die auf dem Fußballplatz um einen Pokal wetteifern, sind sicher keine Gefahr für die Menschheit, sondern bewegen sich in geordneten Bahnen eines Mikrokosmos, in welchem sie ihren Platz erobern und beanspruchen, ohne dabei andere ernsthaft oder dauerhaft verletzen zu wollen. Etwas giftiger wird es allerdings, wenn das erworbene Eigentum tangiert wird, und spätestens beim eigenen Gartenzaun hört für viele der Spaß auf – wehe dem, der über ihn klettert und den Rasen ohne Erlaubnis betritt. Wenn es aber um richtigen Reichtum, um weitreichende Macht oder um beträchtliche Ressourcen und Territorien geht, kann der Mensch auf ein ungeheures Aggressionspotenzial zugreifen, um seine Interessen durchzusetzen. Denk nur mal an die neue Ressource, die im 20. Jahrhundert plötzlich alles verändert hat.

Taleb: Du meinst das Öl?

Sophia: Klar. Die Menschheit entdeckte schlagartig einen ganz neuen Hunger. Öl bedeutete Energie, Öl bedeutete Mobilität, Öl bedeutete Fortschritt, und deshalb bedeutete Öl vor allem auch: Reichtum. Hier wurden uns unsere natürlichen und im Grundsatz auch nicht verwerflichen Eigenschaften der Gier und Maßlosigkeit zum Verhängnis. Vergleichen wir es mit dem Fund einer besonderen Nahrung. Die Lebewesen auf diesem Planeten sind gewöhnt, Nahrung zunächst als knappes Gut zu betrachten, um das es zu kämpfen gilt. Ist plötzlich irgendwo eine besonders gute, wohlschmeckende, energieliefernde Nahrungsquelle im Überfluss vorhanden, wird sie so eilig und so intensiv wie möglich angezapft, bevor sie so schnell wieder versiegt, wie sie gekommen ist. Man frisst und schlemmt bis zum Platzen, um für einen Moment seine Speicher zu füllen. Dabei handelt es sich um einen völlig natürlichen Vorgang. Diese Art von Gier und Maßlosigkeit war es, die manche Lebensformen überhaupt am Leben erhalten hat.

Taleb: Und das Öl war der Zucker der Neuzeit. Man brauchte viel, man brauchte es schnell und man konnte nicht genug davon kriegen. Gleichzeitig wusste man, dass es eine knappe Ressource ist, die eines Tages versiegen wird. Und wer Zugriff darauf hat, der hat Macht und ist reich. Und so wie die Tiere auf Leben und Tod um Futtergründe kämpfen …

Sophia: … so wurden Kriege um das Öl angezettelt. Der einzige Unterschied ist, dass der Mensch im Laufe seiner Entwicklung gelernt hat, spezielle Techniken einzusetzen, um die zuvor nur mit eigener Körperkraft durchgeführten Kämpfe effizienter zu gestalten. Er fertigte ein riesiges Arsenal von unterschiedlichen Waffen, er feilte an Kampfstrategien und Kriegstaktiken, bis er sich schließlich sogar in die Schaltzentralen des Cyberwars setzen konnte, in denen Menschen, ohne Angst um das eigene Leben haben zu müssen, ferngesteuerte Drohnen in die Schlacht schicken, um den Gegner zu vernichten.

Taleb: Es war aber nicht allein das Öl. Es eigneten sich viele Rohstoffe für diese Art von Auseinandersetzung. Baumwolle, Kohle, Eisen, Diamanten …

Sophia: Vollkommen richtig. Und zu jeder dieser Ressourcen finden wir in der Geschichte Beispiele für Streit, Ausbeutung und Krieg. Öl ist für uns nur deshalb präsenter, weil so grässliche Anschläge wie der jüngste in direktem Zusammenhang damit stehen.

Taleb: Inwiefern? Du überraschst mich. Ich hätte erwartet, dass du die Selbstmordattentate der Religion zuschreibst, zumal wir ja auch täglich mit den Begriffen „Islamismus" oder „Gotteskrieger" traktiert werden. Derjenige, der gestern hier acht Menschen in den Tod gerissen hat, hat das doch getan, um in seinen Himmel zu kommen und die Ungläubigen auszulöschen, oder etwa nicht?

Sophia: Wie schon gesagt, sollten wir nicht leichtfertig all das auf eine einzige Ursache zurückführen, nur um einen definierten Feind zu schaffen, den wir glauben, unsererseits bekämpfen zu dürfen und zu müssen. Das führt zwangsläufig in eine Spirale aus Vernichtung und Vergeltung. Schauen wir aber genauer hin, so geraten wir schnell in ein Dickicht, in denen Begriffe wie Grund, Ursache, Schuld, Wirkung, Absicht und Verteidigung auf komplexe Weise miteinander verwoben sind. Der Krieg zwischen Menschen taugt einfach nicht dazu, in zwei, drei Tweets erklärt und gleich noch gelöst zu werden. Wenn Menschen bereit sind oder dazu gebracht werden, den extrem starken Selbsterhaltungstrieb zugunsten anderer Ziele zu überwinden und sich selbst zu opfern, dann reichen dafür keine lapidaren Begründungen in Boulevardblättern aus, in denen etwa steht, dass Islamisten das absolut Böse verkörpern; womit dann ja alles erklärt wäre und man im nächsten Atemzug die eigene Armee aufmarschieren lassen kann. Wenn wir den Terror verstehen wollen, dürfen wir nicht nur einseitig auf die Religion schielen. Wir müssen auch das Unrecht und das Leid berücksichtigen, das der Westen gerade über Länder mit reichen Ölvorkommen gebracht hat. Denke nur an den 1953 durch die Operation Ajax von der CIA ausgelösten Putsch gegen Mossadegh im Iran und der bewussten Zerstörung der Demokratie. Denke an den forcierten Krieg zwischen Iran und Irak oder an den völkerrechtswidrigen Krieg der USA gegen den Irak, den George W. Bush angezettelt hat und für den er noch nicht einmal zur Rechenschaft gezogen wurde. Ebenso muss man den Krieg der Sowjetunion in Afghanistan mit einbeziehen. Dann versteht man schnell, dass Hass und Terror sich auch aus ganz anderen Quellen als der Religion speisen. Die Gier nach Öl und der Wunsch nach der Kontrolle der Ölfelder haben viel Schaden angerichtet, der in unserer öffentlichen Debatte gerne ausgeblendet wird, aber mindestens ebenso Teil der Geschichte ist.

ABSEITS VON GUT UND BÖSE

Taleb: Du willst jetzt aber nicht dazu ansetzen, den Täter von gestern zu verteidigen oder seine Taten in irgendeiner Form zu rechtfertigen, oder?

Sophia: Nichts liegt mir ferner. Denn gerade für uns beide, die wir uns als Humanisten verstehen, ist ja die Achtung des menschlichen Lebens an sich von höchstem Rang, was uns wieder von den großen Weltreligionen unterscheidet, für die der Respekt vor dem Leben leider nur relativer Natur ist.

Taleb: Jetzt bin ich gespannt.

Sophia: Als erstes müssen wir einen sehr ungewöhnlichen Schritt gehen und es schaffen, die lieb gewonnenen Kategorien von „gut" und „böse" zu überwinden. Wir sind zwar daran gewöhnt, die Dinge so zu scheiden und für das vermeintlich Gute einzutreten und das vermeintlich Böse zu bekämpfen. In jeder Kunstform, insbesondere in der Literatur und im Film, wird die Auseinandersetzung zwischen Gut und Böse deswegen auch immer wieder aufgegriffen – weil wir uns in diesen Kategorien schnell wiederfinden. Wir lieben es, uns mit den „guten" Figuren zu identifizieren und am Ende gemeinsam mit ihnen die Schlachten zu gewinnen. Wenn John McClane in „Stirb langsam" etwas gegen die bösen Jungs unternimmt, wenn Frodo in „Der Herr der Ringe" gegen Sauron antritt oder Luke Skywalker in „Star Wars" gegen die dunkle Seite der Macht kämpft, dann weiß der Kinobesucher von der ersten Minute an, auf wessen Seite er steht oder zu stehen hat, und fiebert bis zum erlösenden Happy End mit der guten Seite mit. Stell dir mal vor, die Orks aus Mordor hätten schon im ersten Film die Hobbits aus dem Auenland umgebracht, oder John McClane hätte kurz vor Schluss ein Kopfschuss niedergestreckt und die Bösewichte wären mit der Beute abgezogen.

Taleb: Dann wäre wohl kaum jemand ins Kino gegangen, denn niemand will die Bösen gewinnen sehen.

Sophia: Und ist John McClane denn gut, so richtig gut?

Taleb: Naja, er bekämpft ja schließlich eine Gruppe von Angreifern, die einen Raub begehen wollen und nicht davor zurückschrecken, andere zu töten. McClane oder ähnliche Figuren werden ja dadurch zu Helden, dass sie irgendetwas oder irgendjemanden verteidigen oder retten. Insofern macht er schon das, was wir als richtig bezeichnen würden.

Sophia: Aber ist richtig auch gut? Was ist denn der Preis?

Taleb: Der Held der Geschichte ist bereit, sich zu opfern, um andere zu retten, und um dieses Ziel zu erreichen, muss er die Bösewichte besiegen, indem er sie genretypisch tötet.

Sophia: Und wie fühlt sich der Zuschauer dabei?

Taleb: Der Zuschauer ist fasziniert und elektrisiert. Es wird Spannung erzeugt, indem der Held immer mehr in die Enge gerät und geradezu Übermenschliches leisten muss, um selbst zu überleben und die anderen zu töten.

Sophia: Was empfindet der Zuschauer, wenn der Actionheld tötet?

Taleb: Er freut sich, er frohlockt sozusagen bei jedem Körper, der leblos zu Boden sinkt, er gerät in einen regelrechten Blutrausch. Und je ausgefeilter der Plot, je aufregender getötet wird, desto mehr klingeln die Kassen der Filmemacher.

Sophia: Hier entdecken wir doch eine erste, spannende Erkenntnis in diesem Zusammenhang. Obwohl wir im realen Leben so gerne betonen, dass wir das Töten von Menschen als etwas Böses ansehen, passiert genau das, was du gerade schilderst. Wir gieren plötzlich nach dem Tod, den wir sonst so fürchten. Wenn das Blut nur so spritzt, freuen wir uns. Von einem Moment auf den anderen gibt es keine Verhältnismäßigkeit und kein Mitleid mehr. Kein Zuschauer denkt darüber nach, ob es vielleicht zu irgendeinem Zeitpunkt der Handlung auch eine andere Lösung gegeben hätte, als zu töten. Niemand empfindet Mitleid, weder für die Getöteten noch für deren Angehörige, denn plötzlich ist das Töten gerechtfertigt, es ist richtig, ja, es ist gut. Quentin Tarantino, der Regisseur, hat dieses Muster genutzt, um quasi eine eigene Kunstgattung des Tötens auf der Leinwand zu schaffen, in welcher er den Wunsch nach Tötung geschickt mit Maßlosigkeit, Gier und Ästhetik kombiniert und so trotz aller Brutalität ein Millionenpublikum in seinen Bann zieht.

Taleb: Trotzdem sprechen wir hier nur über Filme und über Fiktion. Du glaubst doch nicht ernsthaft, dass die biedere Hausfrau, die zu Hause „Kill Bill" anschaut, davon träumt, selbst zum Schwert zu greifen und Menschen die Köpfe abzuschlagen?

Sophia: Für den Moment reicht mir, dass sie sich bei der Vorstellung freut und sich nicht angewidert abwendet. Schon das gewährt tiefe Einblicke in die menschliche Psyche und wozu sie fähig ist. Wir müssen lediglich einen Schalter umlegen.

Taleb: Du meinst, wir müssen nur einen Grund liefern.

Sophia: Eben. Du musst für die Verwandlung zu Blutrünstigkeit den passenden Rahmen liefern. Konstruiere eine Gegenseite, die aus der Sicht des Betrachters auf irgendeine Weise ungerecht, böse und falsch handelt, und es entsteht die Legitimation, Gerechtigkeit und das Gute wiederherzustellen. Gib dem Betrachter etwas, vor dem er sich fürchtet, vor dem er Angst hat, dann lieferst du im gleichen Moment den Grund zur Verteidigung in Form von Flucht oder Angriff, womit wir wieder bei der Evolution wären.

Taleb: Und dem berühmten Säbelzahntiger. Erblickt der Mensch ihn, bekommt er Todesangst und kann nur mit Flucht oder Angriff reagieren, um sein Leben zu retten.

Sophia: Und wer den Säbelzahntiger wagemutig angreift und vielleicht mit bloßen Händen niederringt, der wird zum Helden. Denn er hat sich und die anderen Mitglieder der Gruppe trotz des Risikos, selbst zu sterben, gerettet.

Taleb: Und genau das spielt sich auch auf den Leinwänden ab. Ein John McClane wird nicht dafür gefeiert, dass er sich erfolgreich aus dem Staub macht oder unter einem Tisch verkriecht, sondern dafür, dass er mutig den Kampf antritt, um sich, aber eben auch andere zu retten. Und mit jedem Schuss, den er abfeuert, rettet er auch uns als Zuschauer, weshalb wir von jedem Toten mit einem innerlichen Glücksgefühl profitieren. Ich ahne schon wieder, worauf du als nächstes hinauswillst, und ich ahne auch, dass es mir allerdings nicht so recht gefallen wird …

Sophia: Weil du weißt, dass der Mensch vor der Leinwand der gleiche ist, der abends vor dem Fernseher sitzt und die Nachrichten anschaut. Ohne den wohligen Schutz der Fiktion wird er der bitteren Realität ausgesetzt. Liefere dem Zuschauer eine Intention, die er richtig findet, gib ihm einen Grund, den er als gut erachtet und erzähle eine Geschichte, die er für plausibel hält. Aber das Allerwichtigste ist: Impfe ihn mit Furcht. Jage ihm so große Angst ein, dass er in den Verteidigungsmodus schaltet und meint, nur noch durch Flucht oder Angriff seinen Besitz, seine Familie und seine Freunde und auch sein eigenes Leben beschützen zu können.

Taleb: Dann wird aus Furcht Wut und aus Angst Hass. Und plötzlich erscheint jeder Akt der Gewalt legitim und jeder Krieg als gerechtfertigt. Wir jubeln dann vielleicht nicht so laut wie im Kino, wenn uns ein Tweet auf unserem Smartphone mit echten Toten konfrontiert, aber wir halten es zumindest für folgerichtig und für unvermeidbar, was geschieht.

Sophia: So sehr wir uns auch an „gut" und „böse" klammern, weil uns diese Kategorien Halt und Orientierung zu bieten scheinen, so sehr verschwimmen sie im Kontext von Konflikten, bei denen wir Ursache und Wirkung gar nicht mehr überschauen können. Es wäre vermessen, heute, hier und jetzt ein Urteil über die Frage zu fällen, ob das Gute und das Böse an sich überhaupt existieren, ob sie objektiv oder subjektiv sind, relativ oder absolut. Darüber streiten die großen Philosophen seit jeher mit bewundernswerter geistiger Schärfe und Brillanz. Doch eines scheint mir ziemlich sicher: Wenn es um Krieg und Frieden geht, wenn es darum geht, ob ein Volk oder eine Nation in die Schlacht ziehen sollen, dann werden Gut und Böse zum Spielball der herrschenden Instanzen. Dann wird alles relativ, denn was für den einen gut ist, ist für den anderen böse und umgekehrt. Das schon viele Jahre andauernde Auseinanderdriften der westlichen und der arabischen Welt, die sich immer mehr verhärtenden Fronten und der Kreislauf, in dem Gewalt mit Gegengewalt beantwortet wird, sind eine traurige Anschauung dieses Prinzips.

Taleb: Wenn ich dich recht verstehe, meinst du, dass Grund und Absicht die Beurteilung von gut und böse bestimmen. Wird aber ein Vorwand als Motivation genutzt, um die tatsächliche Absicht der herrschenden Instanz zu verschleiern, so ziehen Volk, Nation oder eine andere Gruppierung in eine Schlacht, die nicht so gerechtfertigt ist, wie sie scheint.

Sophia: Genau das meine ich. Wenn ich gedanklich durch die Geschichte von Kriegen ziehe, so scheint es mir oft so zu sein, dass in einen potenziellen Gegner etwas, das als Grund dienen soll, hineinprojiziert wird, um einen Krieg vom Zaun brechen zu können. Dabei gehe ich davon aus, dass die eigentliche Intention, die Krieg und Gewalt vorausging, zu einem großen Teil auf andere Ziele zurückzuführen ist, wie neue Territorien zu erobern, Ressourcen zu vermehren und Macht und Einfluss zu stärken. Aber ein Herrscher – sei es ein Herrscher über ein ganzes Volk oder nur der Anführer einer Rockerbande – wird gegenüber seinen Untertanen als Grund für einen Angriff heutzutage kaum mehr anführen, dass er sein Territorium erweitern will.

Taleb: Warum eigentlich nicht? Wenn der Mensch doch so funktioniert, wie du sagst, warum sollte dann der Herrschende das nicht auch so verlauten lassen, wenn er einen Krieg beginnt?

Sophia: Das kannst du erkennen, wenn du vom Kleinen zum Großen gehst. In einer kleinen Familie mit direktem, persönlichem Bezug zueinander mag das sogar noch funktionieren. Doch ziehe die Kreise weiter und der Einzelne wird diesen Grund immer weniger anerkennen, bis er am Schluss keineswegs bereit ist, für den Herrscher ein großes Risiko auf sich zu nehmen. Was hätte es den einfachen Soldaten interessieren sollen, ob Napoleon über Ägypten, Italien, Österreich oder Russland herrscht? Warum sollte ein Soldat Leid, Qualen und am Ende den Tod auf sich nehmen, nur damit ein anderer gestärkt hervorgeht?

Taleb: Jetzt sehe ich, wohin uns das alles führt. Für den Soldaten konstruiert der Herrscher einen Grund und eine Geschichte und erzeugt darüber hinaus ein Feindbild, das Angst und Schrecken verursacht. So motiviert er den Soldaten dazu, all das auf sich zu nehmen.

Sophia: Um den eigenen Tod in die Waagschale zu werfen, braucht es ein großes Gegengewicht, und nicht alle sind zum Helden geboren, die in den Krieg ziehen. Für die braucht es noch mehr.

DIE ILLUSION VON NÄCHSTENLIEBE

Taleb: Jetzt kommen wir endlich zur Religion.

Sophia: Doch anders, als du denkst. Die Religion dient nicht aus sich heraus als alleiniger Grund für Hass, Gewalt und Krieg. Andererseits taugt sie durchaus als Vorwand, als Verstärker und als Katalysator. Damit ist sie aber nicht allein. Auch die Gedankengebäude rund um eine Nation oder eine Ideologie können in ähnlicher Weise fungieren. Hier schließt sich unser großer Kreis, wenn wir die schon erwähnte Bedeutung von Gruppen einbeziehen mitsamt ihres enormen Potenzials zur Sinnstiftung und Identitätsbildung eines Individuums. Für den Menschen war die Zugehörigkeit zu einer Gruppe im rauen Wettkampf der Selektion stets ein Anker und ein Hort der Sicherheit. Geborgenheit, Vertrauen, Sympathie, Zuverlässigkeit, gemeinsame Interessen und Ziele, gegenseitige Unterstützung und Hilfe, das alles sind Kennzeichen, die wir mit Gruppen verbinden. Sind wir Teil einer Gruppe, müssen wir unser Gegenüber nicht ständig taxieren und einordnen. Wir vertrauen einfach darauf, dass wir über die genannten Kennzeichen miteinander verbunden sind und uns deshalb keine Gefahr und kein Schaden drohen. In der Binnensicht der Gruppe herrscht sozusagen eine heile Welt, in der wir nicht ständig in den Flucht- oder Angriffsmodus wechseln müssen. Dieses Vertrauen ist es, was eigentlich dazu führt, dass die Mitglieder der jeweiligen Gruppe das Prädikat „gut" verliehen bekommen.

Taleb: Wer aber nicht der eigenen Gruppe angehört, dem verleiht man das Prädikat „böse"?

Sophia: Das klingt nur im ersten Moment überzogen. In unserer ach so zivilisierten Welt unterhalten wir schließlich häufig gute Beziehungen zwischen Gruppen, die Berührungspunkte haben. Man tauscht sich aus, man hilft und man ergänzt sich, oft zum Nutzen aller Beteiligten. Gemeinsame Initiativen, gemeinsame Veranstaltungen; solange sich die Interessen überschneiden, profitieren alle von der Kooperation.

Taleb: Doch wehe, wenn es zum Konflikt kommt. Nimm eine beliebige Stadt und als fiktives Beispiel die friedlichen Kleingartenverbände Nord und Süd. Nehmen wir an, die Mitglieder würden sich gut kennen, viel zusammen unternehmen und sich gegenseitig schätzen. Was passiert an dem Tag, an dem die Stadt beschließt, dass eine der beiden Kleingartensiedlungen verschwinden muss, weil die Flächen für Wohnungsbau benötigt werden? Es wird doch sofort ein Prozess eintreten, in welchem schließlich beide Verbände versuchen, ihre eigene Gruppe und ihren Fortbestand zu schützen. Schnell wird man mit dem Finger auf die anderen zeigen und begründen, warum diese Gruppe und nicht die eigene verschwinden muss. Dank eines zivilisierten Umgangs miteinander wird man im Optimalfall diplomatisch agieren, Mitleid äußern und Trost spenden. Heutzutage lösen wir Konflikte ja glücklicherweise nicht alle nur durch Gewalt. Aber unter dem Strich wird man zu einem, wenngleich gemäßigten, Gut-böse-Schema gelangen. Es ist ein unwahrscheinlicher und daher seltener Vorgang, dass in einem solchen Fall die eine Gruppe zum Ergebnis gelangt, dass die andere Gruppe wichtiger oder erhaltenswerter sei und man sich deshalb freiwillig zugunsten der anderen Gruppe auflöst und seine Fläche zur Verfügung stellt.

Sophia: Es gibt zwar solche Fälle, bei denen man dann gerne von Altruismus spricht. Aber bei genauerem Hinsehen entpuppt sich der Altruismus oft nicht als das Gegenteil von Egoismus im eigentlichen Sinn, sondern mehr als eine Variation des Eigennutzprinzips. Den Eigennutz zu vermehren, ist Kern und Hauptantrieb des evolutionären Prozesses. Altruismus und Egoismus sind lediglich von uns definierte Ausdrücke hinsichtlich der zugrunde liegenden Intentionen, die zwar dem Wesen nach ähnlich sind, sich jedoch im Auge des Betrachters unterscheiden. Aber du liegst meiner Meinung nach ganz richtig. Mehr oder minder offen und abhängig von den Rahmenbedingungen zählen wir die Mitglieder der eigenen Gruppe zur Kategorie „gut" und die Mitglieder der anderen Gruppe zur Kategorie „böse".

Taleb: … was wiederum die Keimzelle für Ablehnung, Abgrenzung und schließlich Hass und Gewalt ist.

Sophia: Ja, das ist leider eine Erkenntnis, der wir ins Auge sehen müssen. Kollektivistische Systeme bestätigen sich nach innen und grenzen sich nach außen ab. Liebe und Hass werden eng miteinander verknüpft. Sehr vereinfacht gesagt erfährt die eigene Gruppe Liebe und die andere Hass. Die Herrschenden wissen um diesen Umstand und können ihn für sich nutzbar machen. Dabei geht es nicht so sehr darum, ob man den Nationalismus, irgendeine Glaubensrichtung oder eine Ideologie wie den Kommunismus bemüht. Entscheidend ist nur, dass damit ein maximales Feindbild aufgebaut wird, um die eigene Gruppe gegen die andere aufzubringen. Die Gruppe ist damit lediglich Mittel zum Zweck. Sie ist keine moralische Instanz, aus der sich tatsächlich Gut oder

Böse in einem absoluten Sinne ableiten ließen. Seinen Wert bezieht das Kollektiv allein aus der Zugehörigkeit seines Mitglieds. Steig mal gedanklich in ein Flugzeug und flieg in so ungefähr zweihundert Metern Höhe kreuz und quer über den Erdboden und kreuz und quer durch die Geschichte. Was siehst du, wenn du gewaltsame Auseinandersetzungen beobachtest?

Taleb: Was soll ich schon sehen? Ich sehe Menschen, mal mehr und mal weniger, die auf großen Feldern und Wiesen aufeinander zureiten, zurennen und schließlich zufahren. Sie schlagen mit bloßen Händen aufeinander ein, sie beharken sich mit Mistgabeln und Schwertern, sie schießen Pfeile aufeinander ab und feuern aus größerer Entfernung mit Gewehren und Kanonen. Irgendwann sehe ich einen gewaltigen Blitz, der auf einen Schlag Tausende von Menschen niederstreckt, ohne dass ein anderer selbst Hand anlegen musste.

Sophia: Oh, hör auf, du wirst mir viel zu plastisch, da bekomme ich ja direkt Gänsehaut. Und wenn du all diese kämpfenden Menschen von oben beobachtest, worin unterscheiden sie sich?

Taleb: Also, solange sie noch ganz sind, haben sie meist alle einen Rumpf, einen Kopf und ein paar Gliedmaßen.

Sophia: Mach dich nicht lustig. Was noch?

Taleb: Ich mach mich nicht lustig. Von oben sehen sie sich alle gleich, die einen sind etwas größer, die anderen kleiner, die einen schneller, die anderen langsamer. Manche haben einen kräftigeren

Körperbau als andere und manche haben schwere, manche nur eine leichte Rüstung an. Auch Art und Qualität der Waffen sind unterschiedlich.

Sophia: Ist das alles?

Taleb: Was denn noch? Was soll ich noch sehen?

Sophia: Woher wissen diese Menschen denn, auf wen sie losgehen und wem sie das Leben nehmen sollen?

Taleb: Ach so, ja klar. Die Menschen selbst unterscheiden sich meist wenig von ihrem Äußeren her. Niemand wüsste daher, gegen wen er kämpfen sollte, weil er sein Gegenüber ja gar nicht kennt. Der Feind ist ein Abstraktum. Deshalb ziehen die Parteien sich erkennbar an. So wie man auf dem Fußballfeld mit verschiedenfarbigen Trikots aufläuft, so tragen die Menschen auf dem Schlachtfeld Uniformen, damit sie nicht versehentlich den Falschen erwischen. In dem Getümmel alter Schlachten verliert man ja sofort die Orientierung. Freund oder Feind können nur anhand von Kleidung, Flagge, religiösem Symbol oder Ähnlichem unterschieden werden.

Sophia: Beobachte weiter. Woran erkennst du, wer in diesen Schlachten gut und wer böse ist?

Taleb: Das ist nicht möglich. Von oben gibt es nur eines zu sehen, nämlich Menschen. Menschen, die sich ihrer Gruppenzugehörigkeit entsprechend markieren, sich bekämpfen und am Ende entweder sterben oder überleben. Mehr gibt es nicht zu sehen.

Sophia: Was wissen die, die du dort siehst, voneinander?

Taleb: Eigentlich gar nichts. Man hat ihnen lediglich gesagt, dass der andere der Feind ist, den es zu töten gilt, und man weiß, dass der andere genau das Gleiche gesagt bekommen hat. Und aufgrund dieser Information versucht man natürlich, der Erste zu sein, der tötet, weil man in diesem Spiel nicht Zweiter werden kann.

Sophia: Sonst nichts?

Taleb: Sonst nichts. Der Feind ist Feind, nur weil er einer anderen Gruppe angehört. Er ist Deutscher, Franzose oder Russe, er ist Kommunist oder Kapitalist, er ist Jude, Christ oder Moslem. Das allein ist auf dem Schlachtfeld Grund genug, den anderen zu töten. Würden sie sich untereinander als Mensch kennen, könnte jeder Einzelne genauso gut ein Freund sein.

Sophia: Besitzen diese Gruppen in ihrer Eigenschaft als Gruppe irgendeinen einen Wert an sich oder eine moralische Substanz, die es erlaubt, den anderen zum Feind zu küren?

Taleb: Da gibt es nichts. Kein Christ ist, nur weil er Christ ist, moralisch wertvoller als ein Moslem. Kein Franzose ist besser als ein Russe und auch ein Kapitalist darf sich nicht über einen Kommunisten erheben. Sie sind alle in erster Linie Menschen und haben von Natur aus das gleiche Recht zu leben wie die anderen. Das Handeln und das Wirken eines jeden Menschen ist von ihm als Individuum her zu würdigen und zu betrachten und nicht aus seiner Gruppenzugehörigkeit. Es ist die Tragik des Krieges, dass dieses Prinzip auf dem Schlachtfeld ausgehöhlt wird und ohne Berücksichtigung des Individuums getötet und gestorben wird.

Sophia: Darum ging es mir. Egal ob Nation, Ideologie oder Religion, das sind alles moralisch inhaltsleere Hülsen, die missbraucht werden, um eine Masse an Menschen gegen eine andere zu lenken. Hierin liegt auch die Antwort auf die Frage, ob man denn die Religion für Hass, Gewalt und Krieg verantwortlich machen darf. Ich hatte ja gesagt, dass man an dieser Stelle vorsichtig sein muss. Denn entgegen allem, was sich manche so gerne einreden, besitzt die Religion kein moralisches Gewand, von dem man ableiten könnte, was gut und was böse oder was richtig und was falsch ist. Religion ist im eigentlichen Sinne weder moralisch noch unmoralisch, sondern amoralisch – in dem Sinne, dass sie außerhalb der Moral steht. Man kann auch sagen, sie ist moralisch willkürlich.

Taleb: Wie meinst du das?

Sophia: Die Religion unterteilt die Menschen zunächst in verschiedene Gruppen, betrachtet diese dann aus der Innen- und der Außenperspektive und beurteilt schließlich, wie der dazugehörige Mensch zu behandeln ist. Daraus ergibt sich das, was man neumodisch den „Dual-Use-Charakter" nennt. Je nachdem, auf welcher Seite man gerade steht, erfährt man von der Religionsgemeinschaft Liebe und Schutz oder Ablehnung, und im schlimmsten Fall auch Gewalt. Wer Mitglied einer Religionsgemeinschaft X ist, wird aus deren Perspektive als gut eingestuft. Die Mitglieder der Religionsgemeinschaft Y und Z sind damit automatisch böse und umgekehrt. Das gilt übrigens in gleichem Maße für die unterschiedlichen Untergruppen einer Religionsgemeinschaft. Also Protestanten und Katholiken oder Sunniten und Schiiten … Wer von außen diese willkürliche Prädikatsvergabe betrachtet, kann nur den Kopf schütteln und nicht verstehen, wie das jemand wirklich ernst nehmen kann. Denn zwischen Christ und Moslem besteht genauso wenig ein moralisch substanzieller Unterschied wie zwischen Protestant oder Katholik. Jeder Einzelne von ihnen kann gleichermaßen Gesetze achten oder brechen, kann Liebe oder Hass empfinden, kann ehrlich sein oder lügen. Der Lebenswandel des Individuums hängt nicht allein von seiner Religion ab. Soziales Umfeld, Bildung, Perspektiven im Leben, finanzielle Mittel, es gibt so viele Dinge, die Einfluss nehmen, auf das, was oder wer wir sind. Die Religionsgemeinschaft an sich, unabhängig davon um welche es sich im Einzelfall handelt, bestraft, duldet oder vergibt verschiedene Verhaltensweisen nach innen und nach außen, ohne dass für humanistisch gesonnene Menschen ein moralisches Konzept erkennbar wäre.

Taleb: Und dennoch ziehen sie gegeneinander in den Krieg.

Sophia: Weil man nicht sehen will, was dahintersteckt, sondern lieber seine Vorurteile hegt und pflegt, um so die jeweils andere Gruppe als bekämpfenswert zu brandmarken. An Tagen wie heute, kurz nach einem Anschlag, wirst nicht nur du schräg angeschaut. Die Menschen versichern sich untereinander, dass die eine Seite – aktuell der Islam – gefährlich und aggressiv sei und man selbst doch so friedliebend und tolerant. Gerne beruft man sich dann auf die ach so intolerante, gewaltverherrlichende und primitive heilige Schrift der anderen Gruppe, heute ist es der Koran und morgen vielleicht eine andere.

Taleb: Würde man sich aber intensiver mit der eigenen heilige Schrift beschäftigen, dann bräche diese Rhetorik schnell in sich zusammen. Wer in der Bibel durch die Bücher Mose, wer durch die Evangelien oder die Römerbriefe blättert, stößt genauso auf unbändigen Hass und Hetze gegen all die, die nicht zur eigenen Gemeinschaft gehören, wie in anderen Schriften auch.

Sophia: Das ist auch nicht weiter verwunderlich. Denn die Bibel und andere Schriften wurden von den Religionslenkern ja fein-säuberlich zusammengestellt, um einen Zweck zu verfolgen. Es ist ja nicht so, dass wir darin nur rührende, blumige oder spannende Erzählungen aus der Geschichte der jeweiligen Gemeinschaft finden. Vielmehr stellen die heiligen Schriften stets ein umfassendes Kompendium an Handlungsanweisungen dar, wie die Menschen sich in der eigenen Gemeinschaft und gegenüber Angehörigen anderer Gemeinschaften zu verhalten haben. Wer innerhalb der Gruppe diese Anweisungen befolgt und sich brav und unterwürfig an die jeweiligen Rituale, Bräuche und Sitten hält, der erfährt tatsächlich große Liebe, Barmherzigkeit und schließlich auch Erlösung. Unter diesen Rahmenbedingungen herrscht dann die gern zitierte Nächstenliebe und auch die Vergebung wird großgeschrieben.

Taleb: Doch wehe dem, der nicht zur Gemeinschaft gehört. Dann wird aus Nächstenliebe schnell einmal Fernstenhass, wie es der Philosoph Schmidt-Salomon so treffend ausgedrückt hat. Nächstenliebe und Fernstenhass bedingen einander wie Gut und Böse oder Himmel und Hölle.

Sophia: Und das ist genau der Grund, warum das Religionssystem in erster Linie als Vorwand, Verstärker oder Katalysator dient, um Konflikte und Kriege, die in Wirklichkeit schlicht der Eroberung von Territorien, Ressourcen und Macht dienen, zu legitimieren. Die Herrschenden nutzen das System, um eine Menschenmasse gegen die andere aufzuladen. Die Pole Plus und Minus sind dabei willkürlich gewählt und können nach Belieben getauscht werden. Und genau wie das Religionssystem eignen sich auch andere Eigenschaften zu dieser Aufladung. Die Zugehörigkeit zu einer anderen Nation, zu einer anderen Rasse oder zu einem anderen ideologischen System können in ähnlicher Weise dazu verwendet werden, Hass und Gewalt gegen den jeweils anderen hervorzurufen. Tragische Vollendung erfährt das Prinzip, wenn man sie miteinander kombiniert. In Europa wurde beispielsweise der Hass der Christen gegen die Juden jahrhundertelang kultiviert. Wer Jude war, dem wurde von der Kanzel herab keine Nächstenliebe zuteil, und mich schaudert es jedes Mal, wenn ich daran denke, dass sich ein Julius Streicher in den Nürnberger Prozessen auf Martin Luther berief, dessen Hetztiraden gegen die Juden reiner Raserei entsprungen waren. In Deutschland hört man das nicht gerne. Man traut sich öffentlich an manche Aspekte immer noch nicht heran. Aber man muss der Tatsache ins Auge sehen, dass Hitlers Treiben in einem Land stattfand, in dem zu diesem Zeitpunkt die Bevölkerung fast ausschließlich aus Christen bestand. Das kann und darf man bei der Aufarbeitung nicht einfach beiseitewischen. Kombiniert mit dem Nationalismus Hitlers und seiner

Rassenideologie bildete auch der etablierte Hass zwischen Christen und Juden den Nährboden für die größten Verbrechen, die die Menschheit je erfahren hat. Jedes dieser Systeme ist so inhaltsleer und so moralisch entkernt wie das andere. Darum müssen wir uns all diesen Fragen stellen, wenn wir als Menschen lernen wollen, wie wir solche Entwicklungen in Zukunft verhindern. Nosce te ipsum, erkenne dich selbst, muss unser Leitbild sein, wenn wir tatsächliche Fortschritte in Sachen Mitmenschlichkeit erreichen wollen. Andernfalls verwirren wir uns in Gewaltakten, wie wir sie derzeit erleben, wobei am Ende niemand mehr weiß, wie eigentlich alles angefangen hat oder wem eine wie auch immer geartete Schuld aufzubürden ist.

WIE WIR DEM ÜBEL AUF DER WELT BEGEGNEN KÖNNEN

Taleb: Als wir unser Gespräch begonnen haben, hatte ich darauf gehofft, irgendeine Lösung zu finden für all den Terror und das Leid, das wir gerade weltweit erleben. Ich hatte mir vorgestellt, dass wir vielleicht nur darauf hinarbeiten müssen, die Religionen abzuschaffen, um uns von den Kriegen zu befreien. Doch ich merke, das ist weit gefehlt.

Sophia: Ja. Denn Religion an sich ist nicht die Wurzel des Übels, sie ist eher Symptom. Für den, der den Auslöser an seinem Sprengstoffgürtel betätigt, oder für den, der den Bombenteppich über der Irak legt, mag Religion subjektiv Antrieb sein. Doch es wäre zu kurz gedacht, die Axt allein an die Religion anlegen zu wollen. An deren Stelle stehen dann nämlich sofort andere kollektivistische Systeme bereit, die ihre Funktion übernehmen. Die Geschichte bietet eine Fülle von Beispielen, in denen Nationalismus und Ideologie gereicht haben, um in den Krieg zu ziehen, ohne dass es einer religiösen Legitimation bedurft hätte. Einzig der Atheismus kann für sich in Anspruch nehmen, dass noch niemand einen Krieg in seinem Namen angezettelt hat. Dies liegt daran, dass dem Atheismus etwas Humanistisches und Anti-Kollektivistisches innewohnt und er so nicht als Motivation für Gewalt taugt. Ein Herrschender muss seine Anhänger schließlich dazu bringen, bis zum Tod für ihn zu kämpfen. Es muss ihm gelingen, den Selbsterhaltungstrieb auszuschalten oder zugunsten anderer Güter zu überwinden. Kein Feldherr wird jemals laut ausrufen, dass man im Namen des Bösen das Gute besiegen will. Er muss sich selbst auf die Seite des Guten stellen, um das Recht zu erhalten, das Böse zu besiegen. Und dieser Prozess findet die ganze Zeit um uns herum statt. Es geht ja nicht immer nur um Leben oder Tod. Manchmal sind es kleinere Dinge, um die wir wetteifern. Wenn in einer Familie zwei Geschwister um die Gunst der Mutter streiten, wenn wir auf dem Sportplatz den Pokal gewinnen oder im Beruf die nächste Stufe auf der Karriereleiter nehmen wollen, dann laufen im Hintergrund ganz ähnliche Prozesse ab. Wir trainieren, lernen, forschen und arbeiten, und wenn wir unser Ziel nicht wie erwünscht erreichen, greifen wir auch mal zu Mitteln, die wir im Grundsatz selbst ablehnen. Dann ist es nützlich, die Schuld dafür dem vermeintlichen Gegner in die Schuhe schieben zu können, um vor sich selbst dabei bestehen zu können.

Taleb: Das wirkt auf mich desillusionierend. Das könnte man auch so interpretieren, dass der evolutionär bedingte Wettkampf, dem wir unterliegen, zur Folge hat, dass wir uns im Kleinen wie im Großen andauernd beharken. Ist das der Grund, warum du die Religion nun regelrecht verteidigst?

Sophia: Da verstehst du mich aber falsch. Religion ist mir so fern wie dir. Aber nur weil ich ihr skeptisch gegenüberstehe, weil ich sehe, dass sie einen dualistischen Charakter hat, der nicht nur Nächstenliebe, sondern auch Leid und Zerstörung hervorbringt, kann ich sie nicht allein für alles Schlechte verantwortlich machen, sondern muss auch anerkennen, dass sie ihre guten Seiten hat. In einer immer komplexeren Welt sehnt sich der Mensch nach einfachen Zusammenhängen. Ein einziger Grund für alles, das käme ihm gelegen. Nur, so einfach dürfen wir die Welt nicht sehen.

Taleb: Was schlägst du also vor, um dem Übel in der Welt zu begegnen?

Sophia: Lass uns abseits von Himmel und Sünde stehen. Lass uns die naiven Vorstellungen über Gut und Böse aufgeben und lass uns Gott als eine von vielen spannenden Kreationen des Menschen begreifen, dann können wir uns auf das konzentrieren, was wir sind und was wir sein wollen als Mensch. Lass uns dafür einstehen, dass wir den Menschen allein in seiner Eigenschaft als Mensch respektieren und wertschätzen. Lass uns freudig den Weg gehen, den die Evolution uns als Teil der Natur vorgegeben hat. Lass uns zurückschauen, um aus der Rückschau zu lernen, aber lass uns nicht zurückschauen, um an der Vergangenheit festzuhalten. Ob wir uns auf einem Irrweg befinden oder wir uns weiterentwickelt haben, sehen wir erst am Ende eines einzelnen Weges. Wir werden immer wieder Fehler machen. Aber vieles spricht dafür, dass wir auch immer besser werden. Die meisten Generationen, die auf diesem Planeten gelebt haben, konnten von sich sagen, dass es ihnen besser erging als den Generationen davor. Wenn wir uns von archaischen Vorstellungen lösen, an die wir uns selbst gekettet haben, so vermute ich, werden wir uns schneller fortentwickeln als je zuvor. Niemand kann sagen, wohin uns der Weg letztendlich führen wird. Aber wenn wir betrachten, wie es vor vier Millionen Jahren um die Erde bestellt war, wie vor viertausend, wie vor vierzig Jahren und wie sie heute ist, dann freue ich mich trotz aller Schwierigkeiten darauf, vielleicht noch miterleben zu dürfen, was in vierzig Jahren sein wird. Der Mensch von heute wird nicht der Mensch von Morgen sein und der medizinische, der technologische und der naturwissenschaftliche Fortschritt werden es uns erlauben, den Menschen, ganz wie es dem Prozess der Evolution entspricht, zu verbessern. Das werden nur diejenigen als Verrat an einer „Schöpfung" deuten, denen Kontroll- und Machtverlust drohen. Veränderung geht auch immer mit Angst vor derselben einher. Lass uns einen kleinen Teil dazu beitragen, dass die Menschen sich von den althergebrachten Vorstellungen von Göttern und Religionen lösen können, sofern es ihr eigener Antrieb ist. Je mehr man die Zusammenhänge erklärt, je mehr man auf die Geschichte der Religionen eingeht, je mehr man dafür sorgt, dass Kinder nicht ab ihrer Geburt zu einem Glauben gezwungen werden, desto mehr Menschen wird es geben, die in den Sagen über Gottheiten allenfalls interessante Geschichten sehen, ohne sie zum Leitbild ihres Lebens zu machen. Damit werden nicht alle Probleme gelöst sein. Auch andere kollektivistische Systeme wie der Nationalismus müssen gleichzeitig als ebenso problematisch identifiziert und überwunden werden. Der Mensch hat noch einen langen Weg vor sich, bevor er zu dem wird, was wir uns erhoffen – zu einer friedlichen Spezies, der Gewalt, Hass und Intoleranz fremd sind. Es braucht auch eine starke Bewegung, die es insbesondere jungen Menschen im Rahmen ihrer Ausbildung, ihrer Selbstfindung und in ihrem Aufbau einer Weltanschauung ermöglicht, alle Seiten von Religionen und anderen Systemen zu betrachten, bevor sie sich dafür oder dagegen entscheiden. Durch Bildung, durch Dialog und durch Perspektivenwechsel erhält der Mensch neue Optionen und neue Handlungsfreiheit. Dafür will ich bei jedem Menschen werben, den ich treffe.

Taleb: Ich bin dabei und werbe mit dir mit.

In einiger Entfernung knallt es dumpf, die Erde scheint zu beben, Fensterscheiben klirren und Rauch steigt auf.

Sophia: Verdammt. Sie dürfen nicht gewinnen. Wir lassen uns nicht unterkriegen.

Taleb: Komm, wir schauen, ob und wem wir helfen können.

Sophia und Taleb springen gemeinsam auf und laufen los.

MIX

Papier | Fördert
gute Waldnutzung

FSC® C083411

Zeitfracht Medien GmbH
Ferdinand-Jühlke-Straße 7
99095 Erfurt, Deutschland
produktsicherheit@kolibri360.de